浙江省"152"党史人才专项资助课题成果

铁血荣光

嘉兴抗美援朝老战士

口述实录

中共嘉兴市委党史研究室
嘉兴市地方志编纂室 编

ZHEJIANG UNIVERSITY PRESS
浙江大学出版社
·杭州·

图书在版编目（CIP）数据

铁血荣光：嘉兴抗美援朝老战士口述实录 / 中共嘉

兴市委党史研究室，嘉兴市地方志编纂室编. -- 杭州：

浙江大学出版社，2025. 8. -- ISBN 978-7-308-26309-2

Ⅰ. E297.5

中国国家版本馆CIP数据核字第2025US5373号

铁血荣光——嘉兴抗美援朝老战士口述实录

中共嘉兴市委党史研究室　嘉兴市地方志编纂室　编

策划编辑	吴伟伟
责任编辑	陈　翮
责任校对	丁沛岚
封面设计	雷建军
出版发行	浙江大学出版社
	（杭州市天目山路148号　邮政编码310007）
	（网址：http://www.zjupress.com）
排　　版	大千时代（杭州）文化传媒有限公司
印　　刷	杭州高腾印务有限公司
开　　本	710mm×1000mm　1/16
印　　张	19.25
彩　　插	8
字　　数	266千
版 印 次	2025年8月第1版　2025年8月第1次印刷
书　　号	ISBN 978-7-308-26309-2
定　　价	98.00元

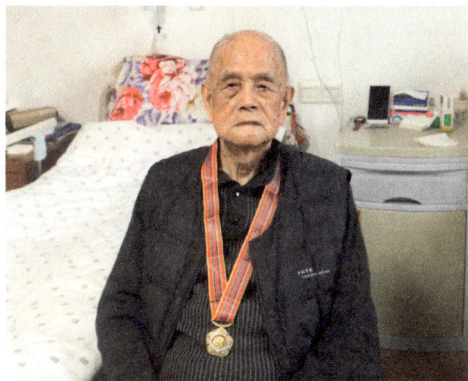

王一平

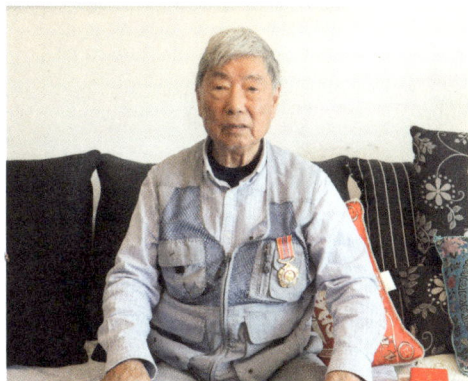

王洪培

王祖京

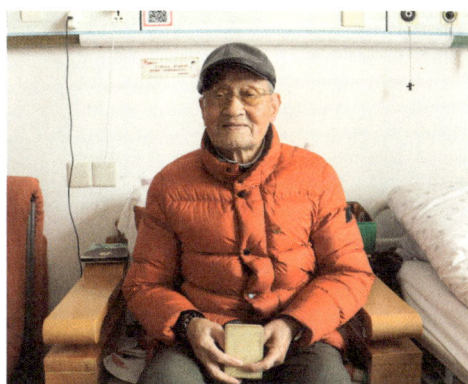

王锦章

殳正祥

刘作生

何关金

张广才

张云林

张兴远

张君理

武瀚

徐伯康

徐雪平

程柏厦

丁中一

于明法

王化竑

石玉琴

朱亚

李成贵

李宝香

杨乾

吴壬华

吴锡铭

邹玉山

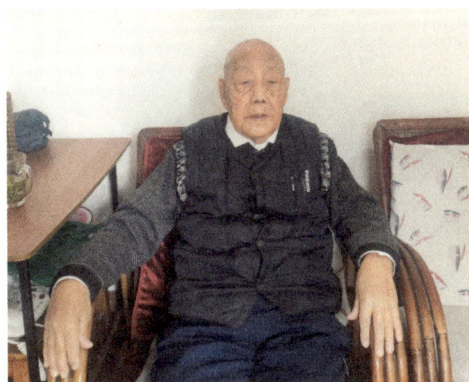

张凤山

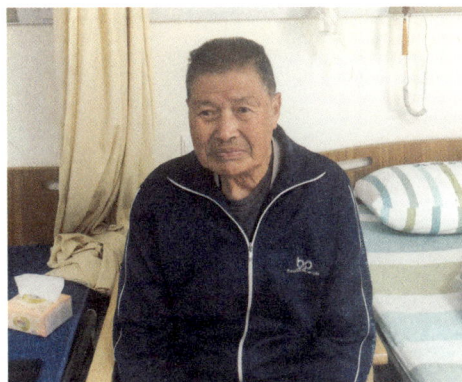

张文祥

张东京

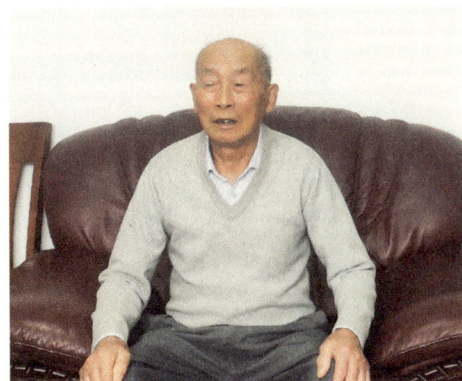

张英龙

陆荣观

陆德荣

林阿洪

俞加成

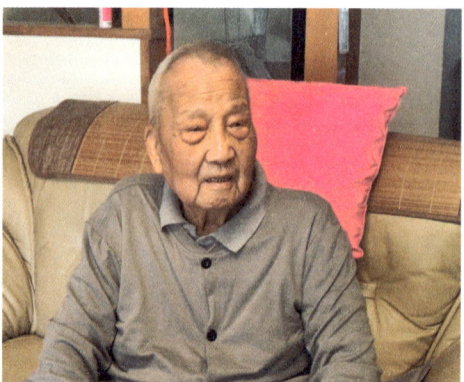

祝家伟

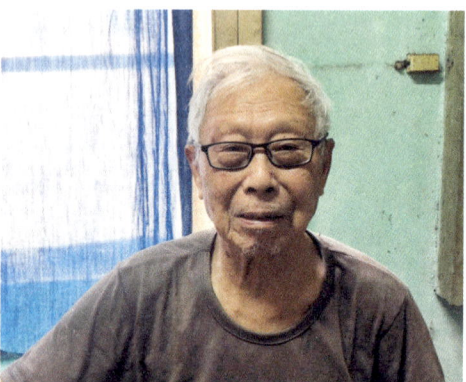

夏旭

夏传泱

钱妙舟

徐三光

徐中威

徐昌鑑

盛阿明

董安庆

谢远芳

王云现

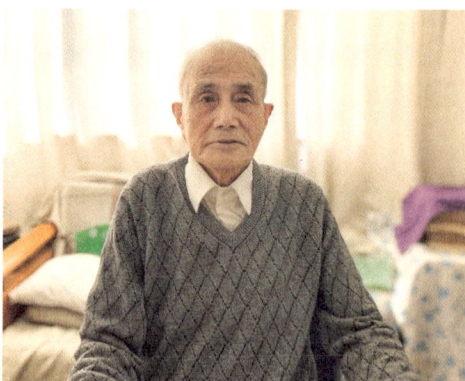

吴立民

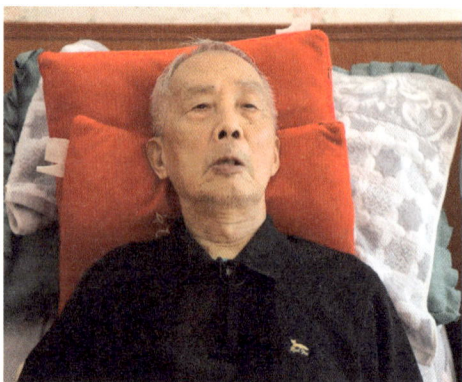

林在正

赵永生

雷松宝

王文照

匡良

梁庄忠

江少樵

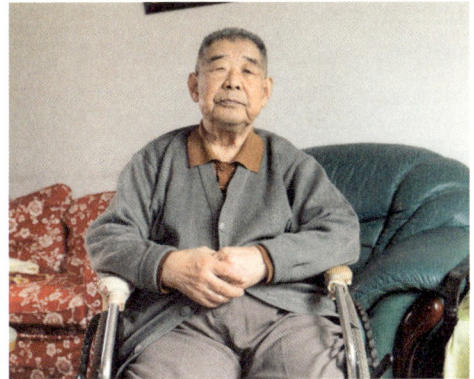

江华堂

何续新

张萍

张再荣

张泉友

金明洹

顾治修

徐步行

崔广胜

蒋毅

李鹤年

何陈林

周文祥

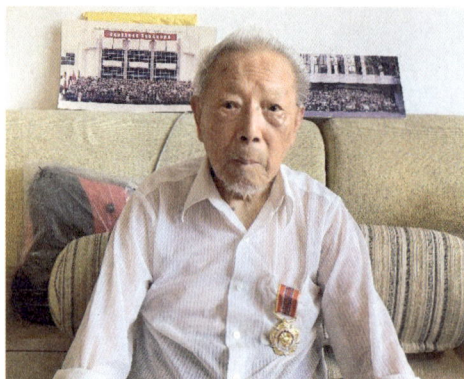

俞志民

姜汉玉

朱哲生

孙晓觉

杨德崇

闵际涵

金香灿

周六斤

周柏清

顾林江

徐世昌

蔡看

潘德潘

张鹤鸣

熊增三（右）、程克全（左）

杜肇宇

缪醒龙

熊维新

宣志盼

顾伯民

陈永顺

姚录录

前言

不忘历史，铭记英雄。

"雄赳赳，气昂昂，跨过鸭绿江！保和平，卫祖国，就是保家乡……" 70多年前，无数"最可爱的人"唱着这首铿锵豪迈的《中国人民志愿军战歌》，跨过鸭绿江，跨出国门，奔赴朝鲜战场，以坚强、无畏、勇敢，谱写了气壮山河的英雄赞歌，用青春生命缔造了一代中国人的伟大与光荣！

在保家卫国的铿锵誓言中，广大嘉禾青年响应国家号召，踊跃参军，奔赴朝鲜战场。他们中有参加长津湖、上甘岭等重要战役，在朝鲜战场奋勇杀敌的英雄；有负责弹药物资运送、信息传送，战斗在后勤战线上的勇士；有抢救伤员，守护战友生命的白衣战士；还有鼓舞士气，赴朝开展慰问演出的文艺工作者……他们英勇无畏，用血肉之躯挽救民族危亡，用不屈意志捍卫国家尊严，用青稚肩膀扛起山河无恙、家国安宁的责任担当。在残酷的战役中，涌现出特等功臣金耳世等一批英模人物。

历史是最好的教科书，也是最好的营养剂和清醒剂。抗美援朝战争中那些生离死别的感人故事，那些凝结在勋章里的辉煌荣耀，无不诉说着战争岁月的艰苦卓绝和波澜壮阔，诉说着英雄战士的辛酸苦辣和赤胆忠心。这些抗美援朝老战士是我们民族的精神高地、社会的价值底座，他们身上体现的崇高精神和宝贵品质，永远是凝聚民心士气、激发壮志豪情、增强民族认同的强大精神力量。对于老战士而言，这是一段段报效国家的青春华彩；对于中华民族而言，这是一幕幕奋发图强的国家记忆。个人利益与国家利益在此交汇，熔铸一体。

2020年10月23日，习近平总书记在纪念中国人民志愿军抗美援朝出国作战70周年大会上强调："伟大抗美援朝精神跨越时空、历久弥新，必须永续传承、世代发扬。"[①]英雄已暮年，精神永传承！和平来之不易，必须坚决捍卫。今天对抗美援朝老战士最好的安慰，就是透过可歌可泣的故事，激励我们铭记昨天的苦难辉煌，迈好今天的铿锵步履；就是透过可亲可敬的形象，激励我们传承伟大的抗美援朝精神，汲取前进的磅礴力量。

当年风华正茂的青年，如今已进入耄耋之年，且健在人数逐年减少。据初步排摸，嘉兴参加抗美援朝战争的老战士（包括非嘉兴籍转业到嘉兴的）仍然在世的仅200人左右，且平均年龄超93岁，能接受上门采访的不足100人。能早则早、能多则多、能快则快地开展对抗美援朝亲历者的抢救式采访，是一场与时间的较量和赛跑。

为历史存证，为英雄留像。2023年，中共嘉兴市委党史研究室在全市范围启动嘉兴抗美援朝老战士口述资料征集工作，通过音视频采集和照片拍摄等方式，对健在的、适合采访的老战士进行口述资料采集整理，并同步开展

---

① 《纪念中国人民志愿军抗美援朝出国作战70周年大会在京隆重举行》，《人民日报》2020年10月24日。

军功章、老照片等珍贵物件收集工作，详细记录他们在抗美援朝战场上浴血奋战的峥嵘岁月。

学史以明智，鉴往而知来。嘉兴抗美援朝老战士宝贵独特的红色故事和当中折射的红色精神，诉说着一段段气吞山河、可歌可泣的烽火岁月，一个个关于英雄与梦想、家国与人生的故事，虽只是伟大抗美援朝战争的一个个小断面，但我们仍希冀它能将鸭绿江边的记忆化作捍卫和平的强大力量，用历史的火炬照亮民族复兴的伟大征程！

目录

嘉善县

平湖市

秀洲区

市本级

王一平口述资料

口述人：王一平

采访整理人：刘秀、沈志娟

采访时间：2024 年 3 月 5 日

采访地点：秀洲区洪兴西路新安国际医院

老战士档案

　　王一平，男，1932 年 9 月出生，浙江金华人。1949 年 6 月参军。1950 年 1 月，任第二野战军川东军区直属政治处见习干事。1951 年，申请参加抗美援朝战争，随 11 军驻扎在凤城县。1953 年，回山东参加培训。

　　我出生在浙江金华的一个农村。1949 年 5 月金华解放后，当地掀起参军热潮。6 月，我光荣地加入了中国人民解放军，后随部队进军大西南。1950 年 1 月，川东军区成立。我由于工作突出，任第二野战军川东军区直属政治处见习干事。

　　1950 年 7 月，根据中央军委的命令，中国人民解放军第 11 军军部及直属队调山东青岛组建海军青岛基地。为支援抗美援朝战争，决定重新组建 11 军。1951 年，川东军区召开党委会，重点研究部署组建 11 军事宜，准备与赴朝鲜作战的部队轮换。党委会后，部队掀起抗美援朝热潮，士兵们纷纷报名参加。我报名参加抗美援朝。经批准，我在新组建的 11 军军法处担任干事。

军部及直属队在河北廊坊做入朝准备。吸取第一批入朝部队冻伤严重的教训，部队在廊坊集中换冬装，连队的武器换成苏联"水连珠"步枪加冲锋枪。当时皮衣皮帽都是地方捐献的，一个军几天之内就完成了换装，所有人员都换上了毛皮大衣和毛皮帽子。可以看出，那时候老百姓对抗美援朝的支援是很给力很踊跃的。

我们军部及直属队驻扎在离安东（现丹东市）一站之隔的凤城县（现凤城市）。在朝鲜战场，由于敌机的空袭威胁，部队行军基本安排在夜间。为了适应朝鲜战场的环境，在滴水成冰的东北山区，部队每天晚上都进行紧急集合，开展夜行军训练，为入朝作战做好充分准备。

凤城有个军医院。在那里，我接触了一些从朝鲜战场下来的伤残老兵。据他们说，首批赴朝参战的部队，从接到命令到登车，不到24小时，连战斗动员都是在火车上进行的。一过鸭绿江就开打，边打边追，节节胜利。但后勤保障没有跟上，战士们穿的是单衣，又碰到朝鲜的严寒，好多战士因冻坏了脚趾、手指而被截肢。

1952年下半年，正在我们军部做好赴朝准备时，突然传来中央军委的命令，军部原地待命，有新任务。后来，军部整体改制为空军第5军军部。1953年，我回山东参加了培训。

王洪培口述资料

口述人：王洪培

采访整理人：邱阳、刘秀、沈志娟

采访时间：2023 年 11 月 7 日

采访地点：南湖区解放路怡梦苑

老战士档案

王洪培，男，1935 年 12 月出生，浙江嘉兴人。1949 年参军。1952 年 9 月入朝，任志愿军 23 军 69 师 205 团 3 营 9 连司务长。1953 年 9 月因受伤回国。

1949 年 4 月，我在长源米行当学徒时被国民党抓壮丁到江阴修江防工事。半路遇到解放军侦察部队，押我们的国民党部队逃跑了，我们就加入了担架队，并参加了解放上海战役。后来，我又从上海回到长源米行。在米行里，一位解放军战士看到了我从上海回嘉兴时用的通行证，知道我参加过解放上海战役，动员我去参军。我也积极报名。7 月，我光荣地加入了解放军，任 23 军后勤部工训大队二队通信员，后面经过学习，任志愿军 23 军 69 师 205 团 3 营 9 连司务长。

1952 年 9 月，我们连作为先头部队，先行跨过鸭绿江。记得入朝那天的傍晚，我们先在鸭绿江边上宣誓，宣誓后部队就出发了。步行跨过鸭绿江后，我们就到了朝鲜的新义州，然后又走了约16天，到了元山港，去接防。行军过程中越往前走，敌人的飞机轰炸得越厉害。

在朝鲜战场，我印象比较深刻的是，在288高地，敌人经常来轰炸，而且总是趁我们吃饭的时候对我们进行轰炸。高地下面有一条公路，敌人的

王洪培在288高地的纪念照

通信兵会开车经过这条公路去放电线。我们经常在那里伏击那些通信兵。作为司务长，为了熟悉驻地周边环境，我主动参与伏击任务。我参加了两次伏击，两次都有战斗。

敌我双方经常会在阵地前方布置各种地雷。在288高地下面有条弯弯曲曲的河，叫驿谷川。我们副连长经常教育我，说："这边地雷比较多，要多注意。之前两任司务长都因为地雷受过伤。但地雷一般不会布置在河里，因为河边的地雷容易受潮，所以沿着河边走或蹚着水走是比较安全的。"我当司务长没几天就踩到跳雷了，万幸的是跳雷因为受潮没有爆炸。

有一次我们在护送伤员的时候，与4个跑错方向的敌人正面相遇，并发生了交战，我们打死了两人，另外两人逃跑了。我当时是司务长，一般情况下司务长都是拿短枪的，但是那天我正好拿了冲锋枪。

1953年7月27日，我带了一些人去拉副食品。我们接到命令轻装跑步转移阵地，前往67师打下来的石岘洞北山接防。当时，在回来的途中，通信员已经在等我们了，让我们不要回驻地。我安排一部分人把东西带回去，自己和其他人跟通信员走。上山的过程相当困难，道路比较窄，还好边上有大

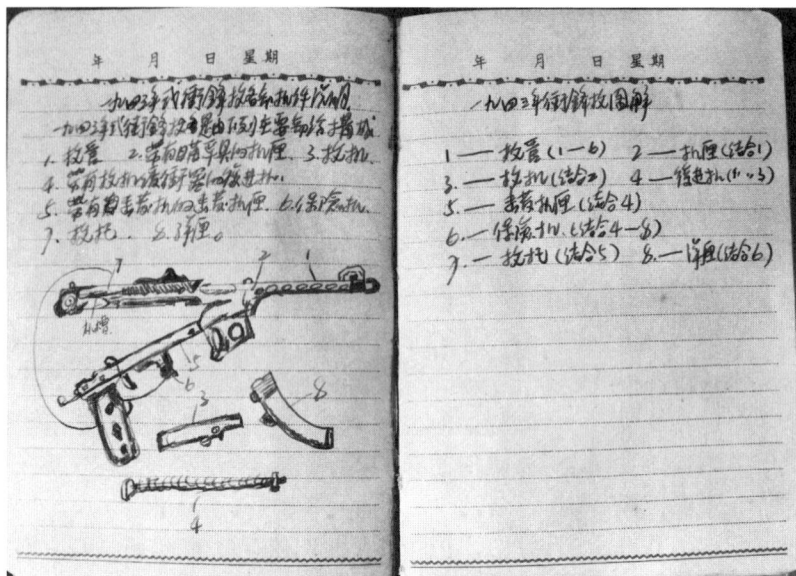

王洪培在朝鲜战场做的个人学习笔记

树，可以扶着走过去。但是那天比较安静，没有轰炸。到了目的地之后，有两个战士把自己亲笔所写的纸条给了我，说："司务长，今天晚上我们可能要攻打石岘洞东山了。"原来，这两个战士已经做好牺牲准备了，但是为了不让家人担心，他们亲笔给家人写了几句话，希望我能帮忙想办法带回给家人。我记得大致意思是这样的：我在这里很好，我们住在坑道里，就是听到一些炮弹爆炸的声音。最后很幸运，到了后半天，就传来了停战消息。第二天凌晨，我们连回到了原驻地 323.1 高地。在朝鲜战场，战士们会将个人信息写好，放在子弹壳里，用蜡烛油密封，随身携带着，这样可以避免个人信息被血水浸湿后看不清字迹。作为司务长，我随时更新着我们连战士的花名册，在上面清清楚楚地记录好每个人的职别、姓名、籍贯、出生年月等信息。那时候我经常会收到战士给国内家人的一些信息，有时候他们会从自己的衣服上扯下一片布条，将留给家人的话写在布条上。布条相比纸条更容易保存。

王洪培担任司务长期间编制的连队花名册

停战后的一天早上，我在一个防空洞里，一个炊事员跑过来跟我说："司务长，我看到一个人鬼鬼祟祟地跑上去了，不知道是不是间谍或特务。我没有叫他，怕一叫他，他就跑了，我想抓活的。"我马上打电话跟连长报告。挂了电话，我拿起短枪，带了4个人去追，半路上碰到排长。排长说他跑得快，我就把短枪给了排长。排长带了人赶紧往前追。当时起身追得比较仓促，有几个人没有带枪。我又拿了根棍子，带了两三个人继续追。后来，我看见一个破麻袋，就踢了一脚，感觉麻袋里面有烂泥之类的东西，没有其他动静。后面有人拿枪碰了一下麻袋，突然有一个人坐了起来，马上把手举起来了。那个人用麻袋伪装掩护，前面用棍子碰他的时候不怕，后面枪碰到就怕了，所以自己主动暴露了。

1953年9月，我因踩到地雷受伤而回国治疗。1955年1月，我转业到嘉兴。在朝鲜期间，我立过一次三等功。

王祖京口述资料

口述人：王祖京

采访整理人：刘秀、沈志娟

采访时间：2023 年 11 月 9 日

采访地点：南湖区纺工路翰林府第

老战士档案

王祖京，女，1933 年 11 月出生，浙江杭州人。1949 年 2 月，考入浙江省立杭州高级医事职业学校。1952 年 2 月，入朝参加医护工作。1953 年回国。

　　1949 年 2 月，我考入浙江省立杭州高级医事职业学校护士科。当时，我的班主任陈大焕是一名进步人士。班级同学在他的感召下，都追求民主和进步。班里还成立了"燎原班"，意思就是"星星之火，可以燎原"。1950 年，二年级第一学期时，我被派到浙江省军区后勤卫生部实习。受到解放军和班主任的影响，我在思想上比较进步，工作积极，荣立三等功。实习结束回到学校后，我和其他 5 个同学偷偷地跑到萧山报名参军。我父亲知道后，将我拉回了学校。

　　1951 年 2 月，我去杭州市民医院实习。大概在 10 月的时候，听说医院要组织手术医疗队赴朝参加医护工作。当时我也是受到作家魏巍写的《谁是

国际手术医疗队第五大队从杭州火车站出发

最可爱的人》的影响，觉得志愿军很勇敢，深受感动，所以积极报名参加了这个医疗队。因为我还没有毕业，所以是作为实习护士参加浙江省抗美援朝国际手术医疗队第五大队。大队有 16 人，其中 1 名护士长、15 名护士。出发前，我们学习了解了工作任务、军事纪律要求等。我们了解到，之前组织了一支手术医疗队去支援，他们是去做手术的，但是手术后的病人需要在病房做好护理，而当地条件跟不上，所以就组织了一支补充队。我们第五大队的主要任务是做好手术前的准备、手术后的护理及送伤员回国等。

出发的时候，我们穿的是红十字会国际医疗队发的制服。在杭州火车站，很多人来欢送我们，我还觉得有点难为情：还没有为国家做出什么贡献，大家就敲锣打鼓地欢送我们。我们经北京到了沈阳，在沈阳换上军装，坐火车到达安东（现丹东市）鸭绿江边。下火车后，立马开始点名。当时每个人都坐好，叫到名字的人就站起来答"到"。有好几辆汽车来接我们，我们带了医疗器械、药品、纱布、食物等。入朝的时间是 1952 年 2 月。那时候白天不能行军，都是晚上开车。当时空中有美国的飞机、探照灯，遇到危险不能开车的时候，司机就说"防空防空"，意思是让我们自己跑开躲飞机，等安全了再叫我们上车。大概走了两个晚上，我们到了目的地。下车的时候，我腿都站不住了，因为当时有零下三四十度，腿都冻麻了。后来，我们被带到一个窑洞里住下。那里就是中国人民志愿军后勤部二分部基地医院重伤一队。

到目的地后就分配任务了。当时那里原本有一些护士，但是相对来说她们不是很专业。我们除了做好自己的工作，还要教她们怎么样专业地执行医嘱、照顾病人、输液、发药、换药、消毒等。我们护士住两个窑洞，每个窑洞里住 8 人，一共 16 人。从住的地方再走三四百米就到了对面的山头——重伤一队的病区（有七八个窑洞）。3—5 人为一组，每组负责 3 个病房。我们与当地护士并成一组。我们主要是接收前方来的初步包扎好的伤员，对他们进行二次手术治疗或恢复治疗，待他们病情稳定后再送回国。

我们的工作有一定的突击性，接收一批伤员后，就照顾和护理一段时间，等他们病情稳定被送回国后，我们就休整几天，等待接收下一批伤员。休整的时候，我们要做相关准备工作。朝鲜天气很冷，从一个病房到另一个病房，药水容易结冰。药水一旦结冰，就不好给伤病员换药。我们就想了个办法——用小炉子暖药水，方便及时给伤员换药包扎。我们要给伤员喂饭、打针、发药，有时候还会唱歌给他们听。我们还要根据伤员的病情划分等级，确定哪些伤员第一批回国，哪些第二批回国，以保证被接送回国的伤员在路途中伤情稳定。后勤总部会定期派车接伤员回国，如果接送的车来了，我们就用背、抱或抬的方式把伤员送到汽车上，由车上的卫生员护送他们回国。

伤病员基本是晚上送来的。送来后，我们首先要做的就是背他们到病房。因为很多伤病员都断了腿，眼睛也没有了……当天晚上，我们会根据病

国际手术医疗队第五大队在朝鲜合影

人的病情进行分类。需要进行二次手术的病人，第二天由专门的担架人员送至手术室。我们根据医嘱进行打针、输液。那时候生理盐水也比较珍贵，只有伤势比较重的病人才给输液。那边没有支架，输液的时候，一个护士高举输液瓶，另一个护士扎针。

在抗美援朝战争中，我也受到很多的教育。志愿军战士再怎么受伤都不哭，他们很能吃苦，不怕疼，有的伤员自己爬到病房，让我们去背其他伤员，甚至还有重伤的战士表示不愿回国还要继续战斗……有一次，碰到一个战士双腿都没有了，都没法背。但他没有哭，没有表现出悲伤，也没有提出因为自己受重伤需要特殊照顾的要求，他自己滚到炕上，也不需要我们喂饭。他真的不容易，后来他被第一批送回国了。印象比较深的还有一位失去了右手的伤病员。那是在我们刚到朝鲜慰问伤病员的时候，我们将从祖国带来的少量东西分给他们，还给他们唱歌。他看到我们后，哭得最厉害。我上前问他：

"是不是伤口疼？伤口在哪里？"他说："我不是伤口疼，我是因为没有将美帝国主义打下海去，就受伤了，也没有立下大功，就残废了。我这一只手怎么能为祖国服务呢？祖国人民对我这样关怀，我没有完成祖国交给我的任务，我对不起祖国。"我对他说："同志，你已经为祖国牺牲了自己的手，你已经完成了任务，祖国人民的手就是你的手。"我当时也感动得哭了起来，这是一种什么品质？没有一点为个人前途的打算和想法，为了国家受伤，还说没有完成任务。这就是祖国培养出来的优秀儿女。

还记得有一次，我和另一位护士在洗纱绷带时，敌人飞机来了，我们就说"防空防空"。那会，我想都没想，就趴到她身上，保护她。后来她结婚了，去了长沙。前几年，她来看在嘉兴的妹妹，也特意来看我，说我是她的救命恩人。

刚到朝鲜没几天，应该是1952年2月14日，我在朝鲜写了第一封信，是给我爱人的。信的开头是这么说的："蔚蓝的天空没有一点白云，阳光也特别温和，鸟声响亮极了。就在这一天，我们离开了祖国和祖国所有的一切，跨过鸭绿江，在我们视线中有什么呢？什么都没有，只有一些建筑物的残影和白茫茫一片大雪，没有一间完整的屋子，除了白色，就是焦黑的……"我那时候就18岁，参加抗美援朝让我很受教育。我现在生活得很好，我很感谢祖国。

王祖京在朝鲜写的第一封家书

王锦章口述资料

口述人：王锦章

采访整理人：刘秀、沈志娟、李芳

采访时间：2024 年 3 月 14 日

采访地点：秀洲区洪兴西路新安国际医院

老战士档案

　　王锦章，男，中共党员，1928 年 8 月出生，河北邯郸人。1945 年 4 月参军。1950 年 10 月入朝，属志愿军高射炮兵第 504 团，执行保卫水丰发电站任务。

　　我出生在河北邯郸，家乡是抗日根据地。抗战期间，日军经常在我们那边实行"扫荡"政策，烧杀抢掠。为保家卫国，把日本侵略者赶出中国，1944 年，我报名参加了八路军，由于年龄太小，在警卫连待了 1 个月后就回家了。1945 年 4 月，我又再次报名当兵，用发的津贴给母亲买了一个饼，戴着大红花骑着马，回家告诉了母亲我参军的事，母亲含泪送我参军。后来我在卫生院学习创伤护理，最后到冀南军区卫生部给一位处长当警务员。1949 年到沈阳，学习高射炮，学完后回到上海。1949 年 4 月 18 日，我加入了中国共产党。

　　1950 年 10 月，我所在的高射炮部队奉命行军，秘密进入朝鲜。当时，我们没有人知道要去哪儿，就跟着从上海出发，坐闷罐火车一路北上，出了山海关到达灌水车站，换上朝鲜军装再次出发，随后部队抵达鸭绿江对面的朝鲜境内。这时我们才被告知，这次的任务是保卫水丰发电站。当时我所在的部队是高射炮兵第504团。

1950年冬天，山上的积雪很深，差不多没过小腿；气温也很低，最低时达到零下三四十度。水丰发电站为朝鲜和我国辽宁省供给电力，战略意义非常重大。美国的飞机每天像乌鸦群一样绕着飞，为了保卫目标，我们每天都绷紧神经，时刻做好战斗准备，吃饭、睡觉都以高射炮为伴。没有房子，我们就在高射炮边上挖一个坑道，有半人多高，我们就住在坑道里，这样方便随时投入战斗。有时候吃着饭，警报突然响起，我们就把小米干饭往兜里一倒，在阵地上一边准备一边吃。当时经验不足，我们修的阵地是用石头砌的，其实应该用沙包和土，因为石头一旦被炸，那些被炸碎的石块会伤到我们自己。有一天上午，我们从上海来的包括我在内的三个人准备包了饺子下午吃，美国飞机突然从山野那边飞过来轰炸，其中一个战友被炸后脑袋都找不到了。看着战友一个接一个牺牲，我们很难过，但我们没有一个人退缩，大家都不怕艰苦不怕牺牲。那时我20多岁，对于牺牲没有一点畏惧，只想着战斗战斗再战斗，为保卫国家、保护人民而战斗。

1952年6月23日，美军突然集结了500多架战斗轰炸机对朝鲜北方发动袭击，其中近300架各型战斗轰炸机疯狂地扑向水丰发电站。当时，战机轰鸣，硝烟弥漫，天昏地暗，我们团对敌机的俯冲点实行拦阻射击，打得十分顽强。在这场激烈的战斗中，我们的一个战友刘继友（音），被炸得大肠都露出来了，但他忍着剧痛将大肠塞回肚子里。当指导员带着卫生员来抢救时，他说："指导员，你不用管我，我这是被美国飞机炸的，作为一名共产党员，我不怕，你们继续战斗，为我报仇。"战斗中，我们连炮四班伤亡很重，最后只剩下班长李海胜和一炮手曹振华，负伤的他们顾不得包扎，仍然坚持战斗，脱了外衣完成装填炮弹进行反击，最后李海胜立了大功。

"只要你炸不死我，我就要把你打下来！"看到昔日的好战友牺牲了，战士们将个人生死置之度外，越战越勇，炮火发挥的作用越来越大。一个人倒下去，更多的人接上来。勤务人员也投入了战斗。在炮火纷飞中，为了给前线运输弹药，医护人员也加入了战斗。当时，我们的装备是 M1939 式 85 毫米高射炮，一颗炮弹重达 30 多斤。他们冒着横飞的弹片从车上卸下炮弹，一人搬不动就两人抬。其中有一名医护人员叫李春金（音），从山下跑上山搬运炮弹协助战斗，不幸中弹牺牲。待敌机离远后，我们就迅速擦拭武器、弹药，调整战斗组织，准备继续战斗。在我军猛烈的炮击下，敌机的投弹高度由低而高，投弹距离由近而远，命中率大大降低，有的飞机远远扔下炸弹后便立即逃跑了。此次战斗我国高射炮部队顶住了敌机的疯狂轰炸。

我是在 1954 年四五月回国的。

夋正祥口述资料

口述人：夋正祥

采访整理人：刘秀、沈志娟、李芳

采访时间：2024 年 3 月 6 日

采访地点：南湖区安乐路

夋正祥，男，中共党员，1936 年 1 月出生，浙江海宁人。1954 年参军，后分配到沈阳军区防空军。1956 年底入朝支援建设，1 个多月后回国。

我叫夋正祥，是嘉兴本地人。1951 年，我考入秀州中学。1954 年，我报考了军委油料学校，参了军。毕业后，被分配到沈阳军区防空军。1956 年，我们 8 个人赴朝鲜支援朝鲜建设，当时我们在朝鲜待了 1 个多月。

我们去的时候是坐火车，从安东（现丹东市）出发，经朝鲜的新义州、平壤等地，最后到海州市。那时候，朝鲜条件很艰苦，我们吃的都是国内供应的。天气也很冷，尤其到了晚上，冷到睡觉的时候我们都要戴着棉帽子。支援建设期间，我们住在朝鲜的饭店里。说是饭店，其实就是一个小平房，一进房间就是炕，晚上大家就在炕上找个空的地方睡觉。虽然已经停战了，但那时候朝鲜农村里基本看不到年轻人，都是老人和小孩。晚上不能出去，经常会听到信号弹的声音；也不能去海边走，因为海边有以前埋的地雷。我们支援建设的主要任务就是指导雷达站开展工作，朝鲜的雷达连都是用柴油机发电供雷达使用。我主要是管油的，帮他们把油桶摆放好，告诉他们怎样正确摆放油桶。他们抽油用的还是土方法，就是用一个塑料管靠人工抽油，操作不当容易造成满嘴是油。针对这个问题，我们帮他们从国内调了许多抽油泵，并指导他们操作使用。

我在朝鲜待了1个多月就回来了，本来第二年还要去的，但是因为空防合并了，我于1957年到了空军，就没有再去。1978年，我转业到了嘉兴。

刘作生口述资料

口述人：刘作生

采访整理人：刘秀、沈志娟、李芳

采访时间：2024 年 3 月 7 日

采访地点：南湖区吉杨路越秀花园

老战士档案

　　刘作生，男，中共党员，1934 年 9 月出生，湖南人。1951年 6 月报名参加抗美援朝战争。1952 年 8 月入朝，分配在志愿军 50 军军部通信营通信排自行车和步行班。1954 年回国。

　　抗美援朝战争爆发后，国内掀起抗美援朝热潮，很多人踊跃报名参军。1951 年 6 月，我也报名参加志愿军。经过新兵团训练后，在等待入朝时，我还参加了荆江分洪工程建设。工程建设结束后，部队在驻地休整 1 个月。1952 年 7 月，部队接到命令，排以下人员开赴东北参加抗美援朝战争。当时，我在团部当警卫员，不在参加人员里面。怀揣着参加抗美援朝的心愿，当天晚上，我提前整理好个人背包，在部队船只出发的渡口焦急地等待着。看着部队陆续登船，我终于在人群中看到了介绍我入团的作战科参谋，我急忙拦住参谋，恳求他去团部帮我申请参加抗美援朝。大约 10 分钟后，参谋回来告诉我，首长同意我参加抗美援朝了。

刘作生在朝鲜时的照片

夜里12点，部队乘船从洞庭湖到岳阳上岸。因为是夜里行军，为了不惊动老百姓，部队严格执行"三大纪律八项注意"，沿街一路排开休息。当时是7月，天气炎热，马路上到处都是蚊子，一整晚"啪啪啪"打蚊子的声音没有停止过。第二天早上，我们坐上火车，经过一路颠簸到达辽西黑山。在这里，我们休整了1个月，做好入朝的最后准备。每天晚上，我们都要进行行军训练，先紧急集合，要求3分钟集合完毕，然后组织夜行军。我最大的缺点就是晚上行军容易打瞌睡，眼睛睁不开，经常迷迷糊糊地掉到水沟里。不管怎样，我还是闯过来了。那段时间，我们也经常看到从朝鲜战场下来的伤员，很多都是缺胳膊少腿的，全身多处绑着绷带，看着很恐怖。但是这些都没有动摇我入朝参战的决心。

8月初，又传来紧急命令，调集部队赴朝参战。我们坐火车到达安东（现丹东市），下车以后，开始分配至各个部队。当我听到自己被分配到50军军部时，心凉了半截：自己是来抗美援朝打仗的，怎么又分配到机关里面去了。于是我又申请去战斗连队，但由于所有人都已经安排好了，不能随意改动，我只好去了50军军部。

当天夜里，我们跑步跨过鸭绿江。那时，美军飞机刚刚轰炸过，边上有一座桥还在熊熊燃烧。后来部队经过一个县城，虽说是个县城，但是一幢完整的房子都看不到，只看到部分铁轨和被炸毁的民房。由于美军空袭的威胁，部队都是夜里行军、白天休息。行军大约3天后的一个黎明，在距离目的地50公里时，我们估摸着早上9点能到达，于是决定继续行军。当我们从山上往下行军的时候，美军飞机发现了我们，4架美国F-84战斗机俯冲下来进行扫射。部队紧急疏散，我们向两边分散，趴在地上找掩体，被机枪打碎的石子就炸在我的身上。由于敌机飞得很低，美军飞行员的模样我们都看得清清楚楚，他戴着白色帽子，穿着有黑色领子的军装，一边扫射一边笑。敌机经过两轮扫射后便离开了。我们马上清点人员，万幸没有受伤的。10点半，我们到达目的地50军军部所在地。在军部，我被分配在通信营通信排自行车和步行班。当时我还不会骑自行车，刚开始送信只能步行，后来靠自学我不仅学会了骑自行车，还学会了骑摩托车。

在朝鲜不分连队、机关，也没有前方、后方，有时候机关比连队更危险，后方比前方更危险。大约是1953年4月，当时我正好在军指挥部修防空洞。有一天晚上10点多，我们在防空洞里听到轰隆隆的爆炸声，声音方向好像在军部那边，心想不好，军部可能被炸了。第二天早上，一个管理员告诉我们，昨晚军部被敌机用燃烧弹、爆裂弹轰炸，伤亡惨重。

为了安全，部队晚上行军是不允许开灯的，汽车是一辆接着一辆，跟着前面的，周边都有哨兵放哨，发现敌机后发射信号弹，驾驶员将汽车开进树林隐蔽。有一次，我晚上骑车去师部送信，在回军部路上因天黑迷路了。当时我带了两把枪，都是子弹上膛的，一把驳壳枪，一把卡宾枪，都是从美军那里缴获的。

刘作生学习骑摩托车

当时，我担心特务在后方跟着我，就时刻保持着警惕，边骑车边回头看，半个多小时后才找到一户老百姓问清了目的地方向，最终顺利找到了军部所在地。以前的我是不敢单独走夜路的，经过这一次，我克服了这个缺点。

停战以后，我们继续留在朝鲜。我在完成自己的任务后，就砍柴、烧水、烧炕，空余时间看报、练习写字。1954年4月，我在朝鲜加入了中国共产党。1954年7月，我报名参加了空军飞行员体检，体检合格后就回国参加学习了。

何关金口述资料

口述人：何关金

采访整理人：刘秀、沈志娟

采访时间：2023 年 11 月 13 日

采访地点：南湖区洪波路电子小区

<table>
<tr><td>老战士档案</td><td>　　何关金，男，中共党员，1932 年 4 月出生，浙江义乌人。1943 年 8 月参军，先后参加抗日战争、解放战争。1950 年 11 月入朝，在志愿军 20 军 58 师 172 团任警卫员，先后参加抗美援朝第二次、第五次战役。1952 年 10 月回国。</td></tr>
</table>

　　1943 年 8 月，为了抗击日本侵略者，我在家乡参军，曾任新四军浙东游击纵队金萧支队义乌八大队三中队队长通信员，先后参加了抗日战争、解放战争。后来，我所在的部队被改编为第九兵团 20 军。

　　1950 年 6 月，朝鲜战争爆发。9 月，20 军驻地由江苏太仓转为山东曲阜。10 月，20 军奔赴安东（现丹东市）。当时部队原定由安东入朝，后接到命令，乘火车到了东北吉林的辑安（现集安市），那是位于中朝边境的一个小城。在那里，我们开展整顿，并进行换装。11 月初，由于当时形势已经相当紧张，部队只能舍弃那些不是紧急要用的东西，只携带枪支弹药、个人衣被等，从辑安临时搭浮桥过鸭绿江，秘密进入朝鲜。

何关金所获荣誉奖章和纪念章

　　朝鲜战场分东线和西线。我们是从东线进入的，也是第一批入朝的。入朝后，为了防止被美军发现，部队坚持夜里行军、白天休息。因为敌人飞机很多且离得很近，行军时候不准大声说话。东线人烟稀少、树木参天，我们就在深山密林中、在敌人的夹缝中很隐蔽地向南进军，向狼林山进军，到长津湖的南面。

　　我们172团是先头部队，向南到了下碣隅里南端，执行切断敌人退路的任务，把敌人包围起来消灭。下碣隅里有一个1071.1高地，高地下面有一条公路，这是唯一一条可以运输物资的公路，敌人需要通过它运输；还有一座桥，桥的西边就是下碣隅里，再西边就是敌人的一个临时飞机场。所以说这个阵地很重要，谁控制了它谁就能获得胜利。当天夜里，王详团长叫来了1营3连连长杨根思，当时我作为团长王详的警卫员也在现场。团长告诉杨根思：美陆战一师要往南逃跑，你们连去1071.1高地，要坚守在这个高地，就像一把利剑插进敌人的喉咙和心脏。杨根思表示坚决守牢阵地，不让一个敌人逃跑。杨根思回去后，当天夜里就带 3 排到了 1071.1 高地。第二天早上起来，我们看到这个高地都是树林和雪，我们的指挥所就在这个 1071.1 高地的南面。那天上午七八点，敌人的一个炮团来攻打这个阵地，敌人飞机相当多，战斗机扫射、轰炸机轰炸，扔炸弹、汽油桶。敌人一次又一次进攻高地，都被打下去了。这样的冲锋有七八次。大概打到临近吃中饭的时间，我方已经没什么人了，基本上都牺牲了。后来，杨根思派了一名负伤的战士来向团长汇报。战士说他离开阵地没多久，就听到炸药爆炸的声音，杨根思同志抱着炸药包冲向敌人，和敌人同归于尽了。他用自己的身体保卫祖国，保卫朝鲜人民。后来，在杨根思牺牲的地方为他立了纪念碑。

在抗美援朝战争中，我认为真正让人害怕的"敌人"有两个。第一个"敌人"是寒冷。我们去的时候都穿得比较单薄，我们战斗的下碣隅里温度低至零下四十几度，我们的胡子、眉毛都是冻住的，热水壶的盖头也打不开，人都冻坏了。第二个"敌人"是空中威胁。我们到朝鲜时看到的房子都已经被敌人飞机炸成废墟了，我们的火车、汽车在半路上被敌人飞机炸毁，后勤物资运不上去。后来，间隔三至五里设一个瞭望哨，听到敌人飞机来了，就打一枪，驾驶员开车时听不到飞机声音，但是能听到枪声，一听到枪声就熄灯，这样就安全些。但是当时敌人有照明弹，照明弹很大，能亮一刻钟，像白天一样。但是我们的军队就像是铁打的，不怕苦、不怕死，所以能够把敌人打垮。

抗美援朝一共打了五次战役。我们东线参与了其中的两次——第二次战役和第五次战役。第二次战役打好了，我们部队就到咸兴休整三四个月，补充人员、弹药。休整后投入第五次战役。我记得很清楚，战斗的地方，山上面遍地都是雪，下到半山里雪就少了，再到平地上就没有雪了，也不寒冷了。打了这么多仗，我觉得朝鲜战争最苦。

张广才口述资料

口述人：张广才

采访整理人：刘秀、沈志娟

采访时间：2023 年 11 月 21 日

采访地点：南湖区由拳路常春藤老年医院

老战士档案

　　张广才，男，中共党员，1933 年 1 月出生，江苏沭阳人。1949 年 5 月参军。1950 年 11 月入朝，任志愿军 27 军 80 师 360 炮团通信员。1952 年 10 月回国。

　　1949 年 5 月，解放军解放上海后，社会上掀起参军热潮，我也报名参军。当时，我们军驻扎在嘉兴，负责解放舟山群岛。朝鲜战争爆发后，我们于 1950 年 10 月从嘉兴坐火车到安东（现丹东市），准备入朝参战。正当我们准备跨过鸭绿江时，又临时改为奔赴白山市临江县。

　　1950 年 11 月，我们从临江秘密入朝。为了保密，我们虽然穿的是自己的军装，但是军章都拿掉了。当时我们是从南方紧急入朝的，来的时候穿的都是单衣，一路上有棉衣、棉帽等扔上火车，但还是有很多人没有领到棉衣，我很幸运地领到了。入朝的时候，我们是拉着大炮一起过去的，白天睡觉，晚上行军。行军途中，我们炮兵部队跟在部队的后面。当时，我们通信连有通信班、电话班和侦察班。我是 27 军 80 师 360 炮团通信班的徒步通信员，主要负责向上级送报告、向下级送行军路线等。如晚上到哪里怎么走，战士有多少掉队的，有多少走不动的，每天都要上报，有时候晚上要走一百多里路去送信。因为白天有美国飞机，在公路上走容易被炸，而且一炸就是一两里。幸运的是，我送信没有遇到过轰炸。

后来，部队到了咸兴，在那里休整了一个星期。此时，形势已经很紧张了，每天都需要去送信。有一次，我和另外一个战友一起去送信，当时就带了枪，其他什么也没带。因为没带指南针，我们只能依靠常识辨别南北。为了尽快将信送到，我们根据方位，间隔一段距离找好一个制高点作为参照点向前行进。为了安全，我们两人不能一起行走，只能一前一后相隔一段距离，这样碰到意外情况的时候能相互支援。送信路上，我们都时刻保持警惕，经常是一有风吹草动，全身汗毛就刷刷地竖起来。经过一段时间的锻炼，我慢慢地从"新兵蛋子"成长为一名合格的通信兵，学会了拇指测距法，也能通过树木、墙壁干湿面辨别南北了。

那时候最大的困难就是天气冷。晚上行军时，我们背着枪，一直步行走路，等到休息的时候也不敢坐下来，基本都是原地踏步。有的同志实在太累，一坐下来休息就起不来了。他们就这样被冻死了。有一天晚上，一开始是下雨，后来又开始下雪。我们休息的时候，大衣都被冻住了，脱下的大衣都能立起来了。还有一次，部队行军途中看到一个小房子，原地休息时，大家进去烤火暖和暖和。我们班长经验比较丰富，和我们说先别太靠近火源，让我们慢慢地、一点点地靠近去烤火。可是有一个战士没有听到，一进来就靠到炉子上，等有点热了后，立马开始脱鞋子、袜子，脱的时候连脚上的皮都掉下来了，后来这个战士失去了双腿。当时喝水也很困难。因为天太冷，河流上面已经结了厚厚的冰。取不到水，我们只能用雪水解渴。

除了严寒，缺粮挨饿也是很大的考验。由于美军时刻轰炸，后勤保障跟不上，战士们经常两三天吃不上饭。有一次，部队已经一天一夜没有吃饭了，我们经过一个老百姓的土豆地，便把土豆挖回来了，但是也因此受到了批评。因为战士们都没东西吃，后来决定给老百姓钱才把土豆留下来。当时我拿到了3个煮熟的土豆，想着这是3天的口粮，都没舍得吃，想下半夜走累了后再拿出来吃，便放到口袋里。到了下半夜，实在饿得不行了，就拿出一个土豆准备充饥，结果土豆冻成了冰疙瘩，只能放在怀中先焐热了再吃。

我们不仅要和严寒、饥饿抗争，还要忍受美军飞机无休止的轰炸。为了躲避轰炸，我们昼伏夜出，严密伪装。有一天晚上，天还没有全黑，部队行军的时候被美军发现，多架敌机对我们进行轰炸。当时，我们有80多人，在轰炸中牺牲了近50人，只剩30多人。我们通信班躲避的位置有一块巨石，依托巨石，我们成功地躲过了敌机扫射，无一牺牲。还有一次，我和指导员在防空洞里面休息，有两个步兵扛着枪经过防空洞时被敌机发现，敌机对他们进行了轰炸。炮弹将我们的洞口炸塌了，我和指导员被埋在了防空洞里面。我们两人拿着小铁锹慢慢地往洞口外挖。等我们出来的时候，两个步兵已经牺牲在洞口。

1952年10月，我们从朝鲜战场归来，回到了祖国。

张云林口述资料

口述人：张云林

采访整理人：刘秀、沈志娟

采访时间：2023 年 11 月 8 日

采访地点：南湖区纺工路新湖绿都

老战士档案

张云林，男，中共党员，1935 年 1 月出生，浙江嘉兴人。1951 年参军。同年入朝，任榴弹炮一师通信兵。1953 年回国。

1948 年的时候，我 13 岁，在上海松江当学徒。1951 年，我瞒着我妈妈，报名参军，后来随部队到朝鲜战场参加抗美援朝战争。在朝鲜，我参加了金城战役。

在朝鲜战场，我记得我们给俘虏吃的要比我们自己吃的好。我们部队吃的是压缩饼干。压缩饼干是很硬很干的。当时，我们每个人领了一个军用水壶，水壶里装的是山沟里的雪水。咽不下去的时候，就着雪水吃饼干，也用雪水或者山水洗脸。洗澡时，把洗澡水装在柴油桶里，架在用石头搭的灶上，灶下面用柴火烧。柴油桶是很高的，下面的水已经被烧得很烫了，上面的水摸着还是冷的。刚开始我们还不知道，洗澡的时候总觉得下半身很烫上半身

张云林赴朝前所在连队合影留念（松江军分区独立 4 营 1 连连部）

很冷。开始去的时候，我们睡在山洞里，用芦苇草铺一下，再垫一件雨披，盖上我们自己的军被，军被有三斤重，还是冷得睡不着，有的时候我们还需要站岗。

因为出发的时候比较急，我们去部队里只训练了最基本的打枪，没有学习相应的安全知识。那时，美国经常派飞机进行区域轰炸，把电线炸断后，我们电话兵就要去接线，确保通信畅通。有一次，和我一起接线的战友，到稻田里去接电线，电线上有水，但那个时候大家没有受过专业训练，那位战友就被电死牺牲了。执行任务的时候，有一点灯光就容易被美军飞机发现，很多战友也因此被炮弹炸死。对于大部分在朝鲜牺牲的同志，我们只能直接就地挖坑立碑，再给他们整理遗物，写上信息。前面的战士牺牲后，部队继续前进，等到后面的战士来了再去救那些受伤的战士。

张云林在朝鲜拍摄的纪念照　　张云林珍藏的抗美援朝纪念茶杯和朝鲜币

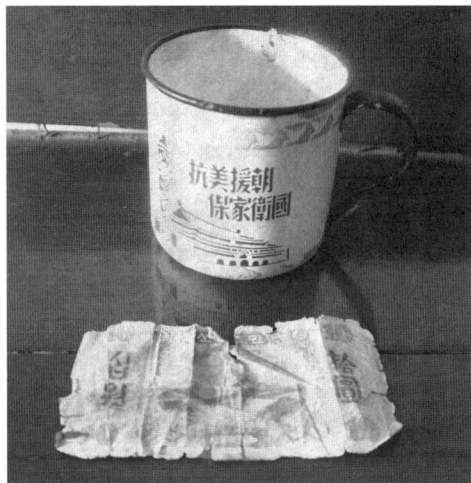

　　美国的装备很先进，我们之所以能胜利，靠的就是志愿军的信念，就是人的精神。我从来没有想过其他的，就知道我们是抗美援朝保家卫国，生的伟大，死的光荣。再苦再累我们都不怕，都随时准备牺牲。我们早早就把地址信息写好，万一牺牲也方便通知家属。我从来没想过家里母亲会想我，我一心只想打胜仗。我母亲就我一个儿子，我没有告诉她就去参军了。抗美援朝战争结束后，我回到了祖国，去了北京的一个学校学习。暑假期间，我回家见了母亲，才得知她因找不到我而哭瞎了眼睛。后来，我又去中国人民解放军炮兵学院学习，还参加了炮击金门。1963年，我转业到嘉兴。

张兴远口述资料

口述人：张兴远

采访整理人：刘秀、沈志娟、李芳

采访时间：2024 年 3 月 14 日

采访地点：秀洲区洪兴西路新安国际医院

<table>
<tr><td>老战士档案</td><td>　　张兴远，男，中共党员，1928 年 12 月出生，山东海阳人。1945 年 8 月参军。1950 年 11 月入朝，在志愿军 27 军 79 师医疗所参与伤员救护工作。1952 年回国。</td></tr>
</table>

　　全民族抗战爆发后，我的家乡成为胶东抗日根据地。那时候，日本侵略者经常下乡"扫荡"，烧杀抢掠。我目睹了日本侵略者对老百姓的暴行，他们用刺刀刺杀、用机枪扫射老百姓。所以，我在学校读书毕业后，就按捺不住愤怒的心情，毅然报名参军，决心要将日本侵略者赶出中国。1945 年 8 月，我报名参加了八路军，在山东军区胶东军区野战医院当卫生兵，主要从事组织护理、抢救伤员、换药打针等工作。1949 年，我通过部队的培养，当上了正式的军医，后来还当了医疗所所长。

　　1950 年抗美援朝战争爆发时，我正在 27 军 79 师医疗所。当时，我们正在山东山林里进行野战训练。大概 10 月的时候，训练还没有结束，我们部队就被紧急调往东北安东（现丹东市），准备从安东跨过鸭绿江。后来，因情况有变，我们师又转到辑安（现集安市）。11月，我们从辑安雄赳赳、气昂昂地跨过鸭绿江，参加抗美援朝战争。

那时候，朝鲜天气很冷，达到了零下40多度，从出发到抵达长津湖，我们走了一二十天，这段路是最艰苦的。当时，我们是秘密入朝的，只能白天休息、晚上行军。夜间行军一般从晚上七点多到第二天早上四五点，每天走的距离都不一样，大概80里。我们医疗所的各种医疗设施都要带上。由于马匹数量不足，只能是重的医疗物品用马驮，其他轻的东西分发给个人背。所以我们医疗所的人员不仅要背个人物品和干粮，还要背手术刀、急救包、纱布等医疗物品，每个人大概要背50斤。

因为是秘密行军，我们走的都是深山密林，每天都要翻山越岭。那时正赶上下雪，山里都是厚厚的雪，很多地方还结了冰。上山路滑，马滑得走不了，只能一个人在前面拉着马往上走，一个人在后面推马屁股。下山的时候，我们常常都是靠着背包慢慢滑下去，马也是滑下去的，可以说是"人仰马翻"的感觉。到了白天，我们就到密林里睡觉，说是睡觉，其实很多时候都睡不着。当时天太冷了，准备又不充分，大多数人穿的都还是单棉衣和胶鞋，被子也是薄薄的一条。大家都是两人一组，先在雪地上铺上一层树叶，然后把雨衣垫在上面，再上下各铺上一条被子，两个人抱在一起休息。但美军飞机一天到晚在天上盘旋，我们时刻面临着敌人的轰炸、扫射威胁。我们就这样走了十几天，非常疲劳，白天也得不到很好的休息，这是最艰苦的日子。

我们医疗所设在了长津湖附近一个叫阳地村（音）的地方。长津湖战役开打后，我们医疗所的任务很重，因为很多伤员都是冻伤的，他们到医院的时候都很饿，我们不仅要及时给他们治疗，还要保障他们吃饭。由于后勤跟不上，所有人员的伙食都受到限制，有时候一天最多只能领到一个土豆，不够的时候吃点个人的干粮，干粮都是炒面、压缩饼干等。伤病员到了我们医疗所，我们医护人员就要对他们进行简单的救治，将需要回国治疗的伤病员护送回国。

第五次战役打响后，我们部队穿插得太深，敌人利用飞机大炮进行了反击。这一次部队伤亡很大，我们医疗所任务更重了。有一次，我带着医生、护士到前线去抢救伤员，基本上所有的伤员都需要用担架抬。担架不够，我们只能用木棍、绳子制作简易担架，大家轮流抬。很多时候是战士在打仗，我们在抢救伤员，抢救时还要面临子弹射击和飞机轰炸的威胁。在一次抢救过程中，敌人的炮弹正好在我们医护人员中炸开，一名医生和三名护士当场被炸，光荣牺牲了。

1952 年，我回到了祖国。

张君理口述资料

口述人：张君理

采访整理人：刘秀、沈志娟、李芳

采访时间：2024 年 3 月 12 日

采访地点：秀洲区洪仁路卫生宿舍

老战士档案

　　张君理，男，中共党员，1933 年 6 月出生，浙江嘉兴人。1950 年 10 月参军，后调到中国人民解放军第 22 军 65 师工程团卫生队任卫生员。1953 年入朝，负责将受伤的志愿军战士安全接回祖国，4 个多月后回国。

　　1950 年 10 月，是抗美援朝战争刚开始的时候。我在桐乡毅然参军，进入嘉兴军分区独立营，成为一名光荣的解放军战士。后来，我被调到中国人民解放军第 22 军 65 师工程团卫生队任卫生员。当时，我们部队并没有参加抗美援朝战争。

　　1953 年春，我接到了一个既光荣又特别的任务——奔赴朝鲜将受伤的志愿军战士安全接回祖国。在朝鲜战场上，部队因为打仗经常要转移阵地，但是伤病员有的走也走不动，有的扛也扛不

张君理在部队时期的照片

动,还有的抱也抱不动,所以当时部队撤离时便把他们安置在朝鲜老百姓家里。现在就要去把那些留在朝鲜的志愿军战士接回来。那时候,各个部队上报了名单,但没有具体地点,不清楚伤病员具体在哪个老百姓家里,所以需要有人去找。但是有些伤病员还在养伤,一般的人员无法胜任,需要医护人员随时护理。在朝鲜,没有那么多的医务人员,现有的医务人员也已经忙不过来,实在抽不出人员去寻找这部分伤病员。因此,需要从国内抽调一批医护人员来承担寻找伤病员的任务。

我记得当时我在营部里面,队长找到我说:"小张,你要去完成一个光荣的任务。"我说:"好呀。"队长说:"你要去朝鲜把一批伤病员同志找回来。"我惊讶地说:"这么远啊。"但是我坚决服从组织安排。第二天凌晨,我就打好背包到师部报到,接着到上海乘火车出发。以前火车没有电灯,里面放一点稻草,铺一点被絮。一路上开开停停,不知道开了多少天。后来,就听到鸭绿江大桥边上的高音喇叭声音,喇叭里播放的是志愿军战歌。当时我是豪情万丈,心想一定要把伤病员安全带回祖国。

到达鸭绿江边的安东(现丹东市),下了火车马上编小组,3个人为一组。我们组的组长是稍微懂点朝鲜话的老兵,还有一个是警卫员。当时还给了我一把小手枪。组长领了一点钞票和干粮。我背着一个急救箱,里面有止痛针、绷带、胶布、纱布等。组长带领我们过了鸭绿江。我们3人穿着志愿军军装,如果碰到敌人,我们是打不过他们的,所以我们都是白天到朝鲜老百姓家里睡觉,晚上赶路。最后到了新义州,我们就遇到了此次任务的第一个难题:如何将这些留在朝鲜的志愿军战士一一找齐。在新义州,当地干部说没有我们要找的伤病员。没办法,我们只能一家一户地找,最后找到了8名同志(名单上是7名同志)。现在回想起当时的那段日子,几月几日也不知道了。只记得为了躲避美军飞机的侦察和轰炸,我们都是白天睡觉、晚上赶路,也不分晴天雨天，因为下雨也要赶路，衣服湿了就湿了。

找齐伤病员后，我们就开始准备回国。我们3人一起商量，要完成任务，那就不要怕牺牲，也不要怕艰苦。比如没有饭吃，就拿钱向当地老百姓买，但是也很难买到。如果有吃的，我们首先给伤病员吃。他们吃好了，我们再吃点。如果没有了，我们就不吃了，继续往前走。

晚上走路是糊里糊涂的，走到哪里也不知道。白天要睡觉，但是我们白天也不能好好睡觉，因为要给伤病员换药。止痛药、纱布、胶带都已经用完，他们痛得走不动了。我们只能向当地老百姓买了一头老黄牛，那时马都没有的，但是光有牛也不行，一定要找个车子，好让牛拉着走。找这个车子真的很难，只找到了一辆破车。有了牛车，我们就让伤病员躺在上面，继续往前走。

回国途中，也面临很多问题。首先是准备的医疗器材不够，止痛针、止痛药、纱布、绷带都用完了，只能把衣服、被子撕下来给伤病员包扎。伤病员伤口化脓腐烂，痛得大哭，但是在当时的环境下，我们已经没有任何治疗办法来减轻他们的疼痛，我们只能抱着他们一起哭，哭好之后继续赶路。走了一段路，坚持不住了，就再抱着一起哭。其次是伤病员大小便问题。因为没有马桶，伤病员又不方便下车大小便，只能从棉衣、棉被上扯下一条布条，给伤病员当尿布用，这些都影响了伤病员正常的生活规律。再次是吃饭问题。因为路上时间比较长,带的口粮已经吃完,路上老百姓家里又基本上没有吃的。不仅自己吃不饱，每天还要解决牛的吃食问题。

终于从丹东回到了上海。走在上海的路上，人家都奇怪地看着我。那时我的头发很长，衣服撕得破破烂烂，已经没有棉花了，又没有衣服换，不洗脸不刷牙，胡子也没刮。路上也没有地方去换洗。人们都离我远远的，认为我有精神问题。回到部队，站哨的战士也认不出我来了，问我哪个部队的，不让我进去。后来我们军医出来看到我后，才知道我回来了。

武瀚口述资料

口述人：武瀚

采访整理人：刘秀、沈志娟

采访时间：2024 年 3 月 12 日

采访地点：南湖区长水街道东菱阳光乐园

老战士档案

武瀚，男，1928 年 5 月出生，浙江杭州人。1949 年 9 月参军，分配到中国人民解放军 23 军 67 师后勤部辎重连任文教。1952 年 9 月入朝，属志愿军 23 军 67 师后勤部。1954 年 4 月回国。

1949 年 6 月，杭州解放后，我和我妻子汪胡炜（浙江嘉兴人）参加浙江干部学校学习。9 月，我们毕业后就参了军，我分配到 23 军 67 师后勤部辎重连，她分配到 23 军军部文工团。

1952 年 8 月，部队接到上级命令，我们作为后援部队，接替前方的 20 军的战线作战任务，赴朝参加抗美援朝战争。接到命令后，部队马上做战前动员，并做了换防的准备。大概一个星期后，部队就完成各项准备工作，从江苏太仓出发前往安东（现丹东市）。

1952 年 8 月 31 日晚，我们部队到达安东。第二天一早就集中听报告，然后做战前准备，听命令开赴朝鲜前线，队、排、班、个人纷纷写请战书，一致表态要为保卫祖国而战。我与汪胡炜互相鼓励,做好了不怕牺牲的思想准备。部队要出发前,汪胡炜突然感冒发烧住院,不能赴朝了。她很伤感,因为不能接受这场战争的考验了。她哭了,但也没有办法。上前线是靠步行行军的,一天一百多里路是硬靠走出来的。一个病员,不但自己走不了,还得要人照顾。因此,我也努力地做好她的思想工作。就这样,我赴朝参战,我爱人则赴山东邹县留守处集结。

9月6日,部队突然接到通知,做好出发前准备。下午4点部队提前吃晚饭,5点钟集合,打好绑腿,背好背包,带好水壶,一身戎装准备出发了。我们是步行跨过鸭绿江大桥的。为避开敌人空袭,我们都是白天睡觉、晚上行军,大家只靠前面的战士背包上的一块白毛巾作指标,向前跟着走,如果前面战士走远了,只有小跑步跟上。我们行军主要靠两条腿走,下雨天也要走,但是战士们情绪高涨,一点也不怕。有一次我们心急了点,想早点行军,刚走不久就遇上了敌机来袭。还好,听到飞机声后所有人员马上分散跑向公路两边草地卧倒。待了约10分钟,敌机没有发现我们,也许是他们执行任务后返航的飞机,所以没有来回盘旋。接受这次教训后,上级命令一定要待太阳下山后才能整队出发。

敌机在夜间侦察时经常会投掷照明弹。因为光在下面,机身在上面看不到下面的东西,敌机必须飞到亮光下面才能看清下面的物体。所以我们在敌机丢照明弹时不怕,但它要是飞到亮光下面,就要提高警惕了。我们后勤部入朝的一共有3个文化教员。除我是男生外,另两位是女生。其中一位姓李名霁,个子比较矮小,是高中生,人比较活泼,工作也不错,入朝前被评为正排级,是上海人。在一次行军途中,由于半夜出来解手,要过一条山间小路,由于天黑,她就打着手电筒往前走,可她不知此时正有一架敌机在上空盘旋,她可能没听到防空枪响声,继续照着手电筒走路。敌机发现亮光随即俯冲下来,又扔炸弹又用机枪扫射，我们的战友还未战斗就牺牲了。

1952 年 9 月 30 日，我们走了 1 个月左右到达前线石岘洞，接防 20 军战线。到达前线后，由于当时作战任务重，我被派到一处锯木板厂，主要任务是将原木锯成板材，供前方修战壕、坑道用。不久，我又回到辎重连，担任文教员，主要任务是教战士们学文化，开展文娱活动，同时兼做战士们的思想工作。印象最深刻的就是我经常在墙上悬挂的小黑板上写字，教战士们识字。一天一个词、一个句子地进行教学，虽然效果不太好，但学习气氛还是比较浓的。我们还办坑道黑板报，宣扬好人好事，比如谁掘进里程多少、谁想出了什么好方法、谁改进了工具，等等。通过不断的教育，大家一心想着工作，"比、帮、带"氛围很浓厚，工作作风也转变了，整个连队的士气也高涨了，我也因此立了一个三等功。

朝鲜的冬季真是冷得出奇。行军爬山时，我们在冰天雪地里行走，又背负重担，到了山顶也不能马上停下来休息，即使再疲劳，也只能慢慢地向下走去，就是不能停步，到了目的地也不能马上进入有火炉的房间，要缓和一下才能进去。据说有的战士在没入大腿深的雪中行走，到了目的地，马上去火炉边烤火，人是暖和过来了，但一脱去靴子，再一脱袜子，袜子连脚皮一起拉扯下来了，人还不知道痛，因为人的表皮已经冻僵了。有一次，我洗完脸，用手去拉门把手。门把手是铁质的，感觉手拉上去是黏糊糊的，后来一看，四个手指上有一道白印子。因为我刚用热水洗完脸和手，那会手还是微热的，一接触冷物，热气马上被吸过去而形成了一道白印子。人住在坑道是比较安全的。我们住在坑道里，里面很潮湿，衣服都是湿的，下雨的时候没法睡觉，当时生活很艰苦。现在回想起来，战争太残酷了，我们的战士太伟大了。

20 军在换防前，和美军进行了残酷的上甘岭战役。他们的战斗事迹被后人写成了战斗故事，也拍成了电影。那许多真实的战斗场面、战斗英雄，使后人感动。我们军接替 20 军后，在朝鲜停战前，打了个比上甘岭战役稍小的战役，叫石岘洞北山战斗，消灭了数千敌人，也取得了重大胜利。

战场上美军的装备、武器比我军的要先进多了。就说制空权，前线很少有我们的飞机参加战斗。我们只能以防为主，阻击敌机的就是高射炮。那些高射炮也是苏式的，射程只有 3000 多米。有时敌人侦察机的机身下腹底板有厚钢板保护，高炮很难射中它。有时看到它飞得很低，速度又慢，照理我们可用高炮射击，可我们就是难以击中。当敌机从后方来袭时，我们的高炮也击中过敌机。只听到地面各高射炮齐射时，一架敌机被击中，很快就冒烟直直俯冲下来，随即变成一个白点，慢慢飘下来。我们大家都高呼胜利。当白点降到地面不到两三分钟，好几架敌机骤然飞来，盘旋着，用机枪朝飞行员落点周围扫射，其中一架直升机很快降下来，接走了敌飞行员。所以当我们的部队赶到时，未能逮到敌飞行员。

在阵地作战时，双方的阵地，有明显的不对称。我方的阵地上，所有树木都被炸毁，山上石头都被炸成碎块、粉末。特别是坑道口，可以说是"伤痕累累"。一场、几场反复争夺战后，我方阵地可以说是一片尘土飞扬，有脚踏沙滩的感觉。而敌方的阵地明显不一样：树照样绿油油的，山上岩石依旧矗立着，只在他们的战壕口、交通要道口才见弹痕。

有一天，已接近傍晚，前方战斗已接近间隙阶段。部队突然接到命令，说今夜有一项特殊任务：去前线阵地将阵亡将士的遗体给抢回来。我们连组织了两个排，我被分派到后面接收前方运下来的遗体。天一黑，我们匍匐着摸索前进，到了前线，又不能用手电筒照亮，只能靠微弱的月光在夜色中摸索，遇到牺牲的战士就一个人背下来。有些被炸散的，就将尸块捡起来，放在油布里背回来。那天，一共背下来 10 多具牺牲战士的遗体。由于天气有点热，尸块已散发出味道，我们上去都戴着双层口罩，上面洒了酒精，但还是能闻到气味。我们也会害怕，但一想到他们是为了人民、为了保卫祖国而光荣牺牲的，我们就下定决心要将他们的遗体运回来，以慰英烈。

我们连虽说是后方供给梯队，但离作战前线还是不远的。与前线阵地也只隔一两座山头，五到十里路，还不时遭到敌机炸弹的袭击。在后方最重要的是做好隐蔽，不能让敌方侦察到我们的供给点。所以各班驻地之间都距离几十米。一个排不能在一处，住得都比较分散。我们的驻地不能暴露出房屋，衣服都必须晾在树林里或草地上。尤其是伙房，烧柴火必冒烟，若让敌机发现有大烟尘，肯定知道有大部队。所以我们的柴灶烟囱是横躺在地上的，烟囱还要接很长的距离，再在烟口罩上大锅，让烟分散着慢慢地冒出去。若发现敌机在头上盘旋，还必须用湿麻袋盖上烟口。所以做各种事都要谨慎。一次，一个朝鲜小女孩在开阔的地方玩耍、跳绳，突然，一枚炮弹射来，小女孩被击中倒地，虽然送到医院抢救但还是没能救活。还有一次，我们连在开展文娱活动排演剧目，由于各班驻地分散，我们说好午休后到连部来排节目，一位文娱积极分子走到半路，突然遭到敌机扫射，不幸中弹身亡。他叫李及时，当时30多岁，是个东北人，会说会唱，和我配合得很好。我们都十分沉痛，失去了这样一位好同志，而我们的演出节目也因此被取消了。想想真痛心，好好的一位同志，就这样在非战斗中牺牲了，我永远记着他。

我们部队在战斗中也涌现了许多可歌可泣的先进人物和事迹。上级为配合形势需要，要我编写剧本。经过一星期的奋斗，我终于完成了一段快板书。当时我也真胆大，过去我只是在文工团演出时听过几次表演，没有深入了解过山东快书、快板。那段快板书，我写的是后勤战士往前线运送弹药的故事，后来演出效果不错。那次评功时我被评为三等功。全连只有两个名额，我占了一个，觉得真是莫大的荣誉。后来，凡被评为三等功的人员都得到了朝鲜人民军总部授予的军功章。这枚军功章是我获得的最高荣誉，我珍藏至今。

军공메달

증 명 서

미제 무력침공자들을 반대하는
조선 인민의 정의의 조국해방
전쟁에서 군공세운 전투에 참
가하였기때문에

195 년 월 일

조선 민주주의 인민공화국 최고
인민회의 상임위원회 명의로써

이 메달을 수여한다

조선 민주주의 인민공화국
최고 인민회의 상임위원회

195 년 월 일

no. 418623

武瀚所获军功章

后来,战争停止了,我们部队的任务也变了,过着和国内部队一样的生活。我们一方面做学习总结,另一方面帮助朝鲜人民恢复家园。1954 年 5 月,我回国了。

徐伯康口述资料

口述人：徐伯康

采访整理人：刘秀、沈志娟

采访时间：2024 年 3 月 8 日

采访地点：南湖区中山东路幸福嘉和老年公寓

老战士档案

　　徐伯康，男，中共党员，1934 年 4 月出生，上海人。1949 年 7 月参军。1951 年 10 月，前往志愿军招收学员，后在朝鲜参加抗美援朝战争，在志愿军 20 军军部。1952 年 5 月回国。

　　1949 年 5 月上海解放后，全市掀起参军热潮。我也很想参军，但当时我父母反对我当兵。解放军解放上海那会，夜里 10 万大军睡马路，不打扰上海老百姓的事情，深深震撼了我。学校也在宣传参军。我哥哥是共产党地下工作者，也动员我参军。这些都深深地影响了我。2 个月后，我积极报名并顺利参军，进入了华东军政大学。

　　我的第一堂人生启蒙课（人生中听的第一个报告），就是在上海交大礼堂听了陈毅关于"为人民服务"的报告（1949 年 7 月 18 日）。华东军政大学在南京校本部举行开学典礼时，我再次聆听了陈毅关于"为人民服务"的报告（1949 年 10 月 23 日）；第三次听这个报告是在 1950 年 8 月 1 日。那时，我已经是华东军政大学二期的区队长了。聆听了这三次报告后，"为人民服务"五个大字深深地印在我的脑海，成为我一生的坚定信念。

1951年10月前后，当时我在南京政治师范学校训练部文化系当文化教员。在校的学员是从全军招的，主要是把他们培训成军内理论政治教员。当时招生组成员中有负责测试招生学员文化程度的文化教员。我被派往志愿军负责招收学员，主要活动在志愿军各军指挥部。记得当时招生人数不多，文化测试任务也不重，招生工作一周内就结束了。我参军以来就没有在战斗连队待过，更不要说在战斗环境中锻炼过了。因此，我向组织申请，要求留在抗美援朝前线接受锻炼。于是，组织将我留在20军军部。在那里，我了解到部队的一些作战行动，很受教育，如毛张苗、杨根思、180团冰雕连等英雄事迹，以及部队"三大纪律八项注意"执行情况等。作为文化教员，我们还针对老干部的文化水平普遍不高的情况，做了一些调查和辅导工作。1952年5月，我结束了朝鲜战场的锻炼，继续回到南京政治师范学校训练部文化系当文化教员。1956年12月，我申请加入了中国共产党，光荣地成为一名中共党员。后来我因为自己没参加过实战，又主动要求赴越南参加抗美援越战争。

徐伯康所获荣誉奖章和纪念章

徐雪平口述资料

口述人：徐雪平

采访整理人：刘秀、沈志娟、李芳

采访时间：2024 年 3 月 5 日

采访地点：南湖区文昌路文南里

老战士档案

　　徐雪平，男，中共党员，1932 年 10 月出生，浙江嘉兴人。1950 年 3 月参军。1950 年 11 月入朝，为志愿军炮兵第 16 团 3 营 8 连电话班战士。1951 年 9 月回国。

　　我是 1950 年 3 月参军的，是炮兵 16 团 3 营 8 连电话班的一名战士。当时我们部队驻扎在上海，负责守护上海。1950 年 10 月，部队接到命令准备赴朝参战。部队马上乘火车，开赴山东曲阜，与第九兵团会合。在山东，部队休整了半个月左右，补充战略物资。但由于时间比较匆忙，我们从上海出发时穿的仍是夏装，还没有换上冬装。从山东到安东（现丹东市）的路上，每到一个车站，各个车站人员就趁着车厢门打开的间隙往车厢里扔冬装。我们就在火车上一边走一边换棉帽、棉鞋、棉衣、棉裤等。时间真的是太匆忙了，很多战友尤其是第九兵团的 20 军都没有换到冬装。10 月底，部队首先到了安东。当时，"联合国军"英军第 27 旅（英联邦第 27 旅）即将到达鸭绿江，距离只有 20 公里左右。我们炮兵一线摆开阵势，做好了战斗准备。当天晚上 12 点左右，上级命令战备结束，说敌人已经向后逃离。西线任务结束，部队又马不停蹄地开赴东线，到了临江。

1950 年 11 月初，部队在天黑后，趁着夜色秘密地从临江入朝。到达预定地点用了 7—10 天。这段路程是最艰苦的。那一年，当地的温度低到零下三四十度。朝鲜的雪和我们南方的不一样，脚都踩不下去，下一场雪冻一冻，雪就慢慢地加厚，看着是雪，其实就是冰，真的是冰天雪地。为了秘密入朝，我们都是晚上行军、白天睡觉。部队规定不能到老百姓家里睡觉，白天我们都是睡在雪地里。在雪地里挖了一些坑，先在坑里铺上树叶等，然后两个人睡在一个坑里，相互取暖。两个人就有两条棉被，一条铺在下面，一条盖在上面，棉被上面再盖上我们的棉衣。还要将坑用雪伪装好，避免被敌机发现。

11 月中下旬，经过艰苦的秘密行军，部队终于到了预定地点。我们炮兵部署在三浦里（音），离新兴里很近，配合 27 军围歼敌军。那时候打仗，炮兵很珍贵。我们炮兵团是在步兵的后面，都是发动总攻歼灭敌人的时候才开始上阵。

战斗开始后，我们听着炮声隆隆，虽然没有看见战场，但是知道战争很激烈了。一开始，我们的炮还没有上，前面的敌人就已经被包围起来了。等我们上去，已经打围歼（包围）战了。我们的炮是抗日战争时期从日本人手里缴来的野炮，炮需要十匹马拉，轮子是铁做的，我们的炮弹是看见直接打的。当时因为前方有座山，炮弹打不过去，必须到山顶上看到目标才能打到敌军。连长就指挥我们将炮往山上拉。由于冰天雪地，上山的路很滑，只能马在前面拉，我们在后面推。炮往山上拉的时候，来了两架敌机，发现了山坡上的我们。可能是因为刚刚执行完任务返航，他们没有向我们投射炸弹，只用机枪扫射。所幸我们没有一个人受伤，也没有一匹马受伤。后来，侦察员通过电话向连长报告：敌人正在从山上下来，集合在公路上。公路上都是敌人的汽车、坦克，说明敌人要跑了。长津湖战役前期，为了不被美军发现，我们炮兵的大炮都先隐藏在后面。等到前面发令，大炮才开始攻击。但是因为被山挡住了，打击不到目标，就又重新调整位置，耽误了时间，所以感觉我们炮兵没有很好地发挥作用。

为了隐蔽目标，战马都是将炮拉到预定地点后，躲避到树林里。我们同时给大炮配备了一块白色的大布，当发现飞机过来的时候，就迅速用白布遮盖大炮，这样也能有效地进行隐蔽。平时行军，我们炮兵都是要走公路的，因为要用马拉着炮走。我们走公路时没有灯光暴露，相对比较安全。但是汽车运输有灯光，就比较危险，容易被敌人飞机发现。后来采取了每一公里设置防空哨兵的形式，哨兵看到敌人飞机就鸣枪，驾驶员听到枪声，就关灯。在第五次战役的时候，有一次，我们已经向前推进了1小时左右，收到上级紧急调头返回的命令，因为敌人就在前面了，我们都看见美军的坦克了。我们赶紧往回跑，采取人炮分开的方法，炮手驾马跑，我们直接往山上走。那次比较危险，不过我们的炮都安全带回了。

长津湖战役后，我们收获很大，当天晚上上级来通知，敌人有个炮兵连的6门大炮被我们缴获了，需要我们自己去拉。于是，我们连夜去拉炮，因为不拉走的话，第二天敌人飞机就会来炸毁这些炮。作为一名通信兵，我也申请去帮忙，顺便搜索下战场遗留下来的电话机、电话线等物品。到了现场，我看到6门大炮都是全新的，这个炮兵连被我们打掉了。虽然我是炮兵，但这也是我第一次看到刚结束战斗的战场。长津湖战役结束后，我们继续往前走。那时战场还没来得及收拾，可以感受到战争现场很残酷。心态上我们不怕敌人，长津湖战役打出了我们的气势。敌人和我们的精神状态、战斗力不一样，我们是农民兵，我们背的是被子，他们的背包里是牙膏、牙刷、擦脸油、一大堆照片等，他们吃的比较好，用的也比较好，他们的武器装备也比我们的好，但是我们吃苦耐劳，他们吃不了苦，我们志愿军用自己的坚韧和智慧躲过了敌人一次又一次的致命打击。

在朝鲜的那些日子，二次战役的时候离祖国比较近，后勤供应还好，但是随着战斗的发展，困难也就多起来了。最大的困难就是后勤跟不上了，需要忍受饥饿与严寒。我们夜里行军时，一个晚上一般走40公里。最困难的时候，行军到达宿营地后，顾不得休息，就派出一批人去找水和食材，让大家先烧点水热下脚或者喝点水再睡觉。什么时候吃饭要等哨声，如果找到了食材就有得吃，找不到就只能吃干粮。干粮主要是炒面，就是用大豆、苞米、杂粮等磨成的面粉，每人灌一袋背在身上，一般都是面粉放嘴里，再喝一口水，如果没水，就和着冰雪咽下肚，所以后来有"一把炒面一把雪"的说法。有一次，敌机在没发现目标的情况下就轰炸了，惊吓到了隐蔽在山上树林里的马，它们到处跑，敌机发现情况后进行了大轰炸，我们的马大部分被炸死了。没有了马，炮也无法拉动，我们也无法继续前行；粮食也没有了，我们只能吃马肉。但最大的问题是没有盐。再到后来，干粮也已经吃完了。如果炊事班找不到土豆、苞米、白菜等食材，大家只能饿肚子。最难的时候，我们好几天没有东西吃。

除了缺粮，我感到最害怕的是零下40度的天气。我们找不到水，牙刷放杯子里一会儿就拿不出来了。冻伤相当可怕。这个冻伤有生命危险。冻伤后会起泡，这个泡一烂，发炎的话就更严重，甚至有时候要面临截肢。

抗美援朝的战斗很艰苦。我觉得我们能赢，靠的就是全国人民众志成城一条心，还有就是我们志愿军战士不怕苦、不怕死的战斗精神和抵抗侵略、保家卫国的正义之气。

程柏厦口述资料

口述人：程柏厦

采访整理人：刘秀、沈志娟

采访时间：2023 年 11 月 14 日

采访地点：南湖区中山东路中山名都

老战士档案

程柏厦，男，中共党员，1932 年 11 月出生，江苏宜兴人。1949 年 5 月参军。1951 年 6 月，随部队调到志愿军空 3 师文工团。1953 年 6 月回到南京军区文工团。

1949 年 4 月 23 日，解放军渡江以后，学校掀起参军热潮。5 月，我在江苏宜兴东坡中学参军，分配在常州军分区文工团。1950 年，我被调到南京军区空军政治部文工团。

1951 年 6 月，我跟着文工团调到中国人民志愿军空军 3 师文工团。一开始，我们驻扎在沈阳北陵机场。10 月，空 3 师赴安东（现丹东市）参战，我们文工团也一起移驻到安东大东沟机场。

到了安东后，我们文工团的主要任务就是开展宣传慰问。我是舞蹈演员，参加的是歌舞团，负责伴舞。我们歌舞团有 100 个左右的演出人员，有舞台工作人员、合唱队等，每个人都负责很多节目。平时，我们主要是编排节目，等需要的时候就到部队进行慰问演出。各式各样的节目都有，有舞台小剧、小歌剧、唱歌、跳舞、相声等，歌曲有《王大妈要和平》等。我主要是跳群舞的，也参加过合唱，歌曲主要是配合当时战争情况的队列歌曲，都是现编现唱的。在做好演出的同时，我们还需要配合部队制作各种宣传标语，做好宣传鼓动工作。

在抗美援朝期间，空军基本都驻扎在国内，但高炮部队也属于空军，有一部分驻扎在鸭绿江对岸的朝鲜境内，负责守卫鸭绿江大桥、水库等重要目标。有时候，我们也需要到高炮部队进行慰问演出，每次出发都是坐上汽车，携带各种演出道具，跨过鸭绿江，前往高炮部队。因为都在鸭绿江边，基本还是比较安全的，美军飞机也很少飞过来，所以我们可以说是浩浩荡荡过江的。不过，偶尔也会遇到美军飞机轰炸。所以出于安全考虑，在朝鲜境内的大部分演出都是在防空洞里面开展的。在演出时，我们基本是提前了解战况，尽量确保露天演出是安全的。我们的驻地在大东沟机场附近，因为边上就是我们的机场，所以会看到美军飞机来轰炸。

在抗美援朝期间，我感到最自豪的是，平时工作、生活和演出慰问中，我们经常能遇到王海、郑昌华等飞行英雄，他们用果敢、勇猛和不怕牺牲的精神让不可一世的美空军遭受了一次又一次的沉重打击，而我就是用一场场演出为这些英雄唱赞歌。

南湖区

丁中一口述资料

口述人：丁中一

采访整理人：钱宝良

采访时间：2023 年 10 月 26 日

采访地点：南湖区新嘉街道三元路富安御园

老战士档案

　　丁中一，男，中共党员，1933 年 8 月出生，上海人。1949 年 7 月参军。1951 年 7 月入朝，为陆军高射炮兵，承担报务工作。1953 年回国。

　　1949 年，上海解放。那年我 16 岁。因父母都是上海铁路工人，我就在上海父母的朋友家寄宿，在上海读小学。在上海当兵时，我们的部队是 30 军教导大队。部队地址在上海浦东。半年后，大概是 1949 年 12 月，我们教导大队有一部分人去了南京海军学校，我也随同前往。在南京海军学校学了半年，大概是 1950 年 7 月，就到海军舰艇上去了。我们的舰艇叫"南昌舰"，港口在上海。我们的舰艇经常到舟山群岛执行任务。1950 年底，我又到位于东北抚顺的学校学习报务知识，为以后从事报务工作打下了基础。

　　1951 年 7 月，我随部队去了朝鲜。当时我属陆军高炮部队。过了鸭绿江，来到新义州。我们高炮部队的主要任务是保卫桥梁、铁路、车站等。我在部队担任报务员，我的任务是收发电报，因为我是小学毕业，算是有点文化的。我工作的电台是随着部队首长的，首长到哪里，我们就到哪里。我们高炮连共有4门炮，都是苏联制造的。高炮是专门用来打飞机的，也曾打落过一些敌机。

朝鲜战场停战后，我又回到沈阳的高炮部队。后来又从沈阳调到上海的高炮学校学习深造，时间约半年。在高炮学校，我主要学习一些技术理论和操作方法。学成后，我又回到沈阳。1966年，我又随军参加了抗美援越战争。

于明法口述资料

口述人：于明法

采访整理人：翁洪彬

采访时间：2019 年 4 月 23 日（2023 年 11 月 21 日重新整理）

采访地点：南湖区余新镇曹王村

老战士档案

　　于明法，男，中共党员，1932 年 4 月出生，浙江嘉兴人。1951 年参军，后被分配到志愿军空五军 12 师警卫连。1953 年 10 月回杭州笕桥机场。

　　我 11 岁时，父亲去世，家里还有母亲和一个弟弟。解放前，老百姓生活都很苦。1949 年的时候，我已经是 17 岁的小青年了。1950 年下半年，我们这边开始土改，当时是斗地主、分田地。我们分得了 10 亩水田，很开心。土地分到后，我们有田种了，生活慢慢好起来了。

　　这时，朝鲜战争爆发，美国组织"联合国军"参战，全面入侵朝鲜，他们一直向鸭绿江边打过来。毛主席、党中央号召我们参加志愿军，去打美军。当时我们分得了田地，也已经翻身了。但美军打朝鲜，如果再打到中国来，我们刚刚开始的好日子就保不住了。

　　1951 年，我正式参军，那时我已经过了 18 周岁。当时，我们从余新乡出发，到桐乡濮院。接兵部队把我们接去，检查身体都及格后，集中进行新兵训练。在濮院训练的将近2个月里，我们主要练站队、做操等。我们是6月去的濮院。8月，我们到了上海虹桥飞机场，接兵部队正式接我们到正式部队去了。我那会儿是到上海空五军12师警卫2连，这个部队的任务主要是保卫飞机场。

后来，上级号召我们，说是美军在朝鲜打得很厉害，新兵也训练好了，要出去了，去抗美援朝。我们在部队的时候，政治指导员经常给我们上课，给我们讲革命道理，说为了保家卫国，我们要开到前线了。经过上级的教育，我们的觉悟都很高，下决心要保家卫国，要保卫世界和平，要去和美军拼个你死我活。

我们唱着"雄赳赳，气昂昂，跨过鸭绿江"的志愿军战歌，部队干劲非常足。这首歌唱好后，各排、各班就上了火车，开到前线。这列火车上还有散装的飞机零部件箱子，我们在车上保卫着。坐了三天三夜铁皮火车，先到沈阳短暂停歇一下。这时的沈阳已经下雪了，路上都是白雪。当时，上海很热，我们穿的是单衣。到了沈阳，天冷得要命，我们都要穿上棉大衣了。在沈阳驻扎了几天后，我们就被分配到大堡飞机场。我们空五军12师在飞机场训练，熟悉地形。大堡飞机场有2个连保卫，有看飞机的、看仓库的……日夜调班站岗，保卫飞机场的安全，防止特务来破坏。我们是地面部队，值一班是2小时，白天一班、晚上一班，主要任务是看护房子，防止坏人破坏。如果轮到保卫仓库，就要管好仓库里的物资。由于我们管理得好，没有发生一起敌特破坏事件。其实，我们没有去过朝鲜，但是从我们机场起飞的飞机都是到朝鲜和美国飞机作战。

我最难忘的一件事，发生在1952年秋天。当时，美军和志愿军的战斗十分激烈。我们的飞机出去和美军打，共打了2个多小时。为什么我们的飞机只打了2个多小时就回来了呢？是因为燃料油用光了，要到地面来加油。那时的飞机都是从苏联进口的，叫米格飞机，翅膀是三角形的。我们的飞机回来后，美军的几十架飞机也尾随而来。这时，我们的飞机已经飞到机场上空，但是美军飞机还是把我军的一架飞机打了下来。当时没有导弹，飞机上使用的都是机关炮。我们亲眼看着我军的飞机被美军飞机打下来，却只能在下面干着急。我们的高射炮拼命地向美军飞机开炮，也打下来几架。当时，其他的美军飞机还在我们飞机场上空盘旋，我军的飞机就在天上和美军飞机作战。我们用飞机击落美军飞机，也用高射炮打下美国飞机。

10月1日国庆节后，我们部队回到杭州笕桥机场。这就是我人生中一段难忘的经历。

1951—1957年在部队当兵的6年中，我受到了党和部队的教育，我自己也很要求进步，工作很积极。班长、排长分配的任务，我都积极去完成。1951年，我立了三等功，之后又立了2次三等功，共立过3次三等功。我在部队其实也没做过什么特别突出的大事情，就是积极肯干，宁可自己辛苦一点，带头去干别人不愿干的活。1956年6月，我在部队加入了中国共产党。

我现在是四代同堂。我们生活蛮好，感到蛮开心的。

王化竑口述资料

口述人：王化竑

采访整理人：翁洪彬

采访时间：2023 年 10 月 31 日

采访地点：南湖区新嘉街道三元公寓

老战士档案

　　王化竑，男，1934 年 7 月出生，浙江义乌人。1951 年 2 月参军。1953 年 3 月入朝，所在部队为 21 军 63 师 189 团 3 营。1956 年复员。

　　我是浙江义乌人，家中有弟兄 5 个。我是 1951 年参军的，我大哥读过书，我和二哥读的书不多，对抗美援朝了解不多。那会儿，大哥动员我和二哥去当兵。当时，金华的报纸上报道过我们一家 3 个儿子一起当兵的事情。抗美援朝，保家卫国，非常光荣。

　　参军后，我们先到义乌集训。几个月后，行军到萧山。后又从萧山行军到奉化。当时交通不便，到底走了几天，记不清了。到了后，我被分配到 21 军 63 师 189 团 3 营。我大哥识字，被分配到 188 团文化宣传部门工作。我和二哥是一个团，都分在 189 团，二哥在 2 营，我在 3 营，在那里学习和训练。1952 年，我因学习、训练积极，立了四等功。

1953 年初，我们在宁海一个镇集结，从象山坐登陆艇到上海吴淞口，在那里学习、训练了一段时间。训练用的武器都是从日军和国民党军那里缴来的。赴朝作战前，我们换了一批新式武器，有 51 式冲锋枪，有步枪，但也没有多少先进的枪支。我们从吴淞口出发到安东（现丹东市），到达后，部队简单进行入朝作战动员，战士们纷纷表决心——抗美援朝，保家卫国。休整几天后，部队从安东步行跨过鸭绿江。

我记得那是 1953 年的 3 月，朝鲜的冬天很冷，冰天雪地，白茫茫的一片。我们一直在跑步行军，山沟很多，就沿着小溪，前面的走，后面的跟，走到水多冰薄的地方，鞋子也进水了，脚冻得生疼，一直走到天亮。有一次，路过一个村庄，朝鲜老百姓看到我们志愿军过来，非常开心，纷纷鼓掌欢迎，还用朝鲜语说"志愿军好""志愿军辛苦了"。我们也很高兴，互相之间拥抱、问好。朝鲜男女老少都擅长唱歌跳舞，他们唱《金日成将军之歌》，我们唱《中国人民志愿军战歌》。朝鲜老百姓看到我们有些疲惫，衣服也湿透了，就把房子让出来，让我们在他们的热炕上休息。他们帮我们把衣服烘干，然后去地里干活。

我们刚到时，对一切都很好奇。我看到有一种农具非常特别，把手像元宝一样，两头弯，中部有个斗，车不像车，朝鲜老百姓把它作为运输工具用。朝鲜男女老少衣服都穿白的，上衣小，裤子大，里面穿小背心，女的穿裙子，我们也感到非常特别。

我们是白天休息、晚上行军。那个时候朝鲜很少有马路，山区有简易公路，但汽车灯都是不可以开的，因为经常有敌机飞过。如果有敌机，就鸣枪示警，关灯，否则敌机发现了就会来炸。所以，我从来没有看到过车子开着灯。

有一次，我们吃完晚饭后爬一座大山。当时下着大雨，很黑，互相都看不见，只能你拉着我，我拉着你。上山容易下山难。下山时更看不见，基本上是滑下来的。我们互相鼓励，互相加油。下来以后，走到天亮，我们就烧饭、休息。

没过多久，就到了朝鲜的雨季。由于连日暴雨，战士们随身携带的包都湿了。如果第二天有太阳，我们就会摊开来晒，从高空往下看，就能看到山沟里一大片白色的铺盖。这样做是不安全的，因为如果正好有敌机飞过，很容易被发现。有一天中午，我们连队烧饭，我们是一个班一个锅，分开烧。那天，刚好是我在烧饭。当时正巧美国飞机飞过来，看到目标就扔炸弹，还用机枪扫射。我们马上趴下，结果一颗子弹正好打穿了离我1米开外的锅子，差点就打到我了，好险呐！锅打坏了，那天我们饭都没吃上。我们是7连，1里路外是9连。我们看到炸弹从我们头顶上扔下来，但由于惯性，炸弹落在了9连。9连100多人只剩20人左右，让人非常痛心。

朝鲜的雨季很长。有一次在山沟里行军，我们连的3排走在前面，我们1排走在后面。突然下暴雨，山沟里水涨得很快，开始就一点点水，一会儿就到小腿了。雨再大我们就受不了。还好，雨过一会儿就停了，我们就继续走。我们与3排有一段距离，3排有战友找过来，问我们有没有看到3个人，我们说没有看见。到了目的地，点名时发现真的少了3个人。直到第二天，在几十里路外找到了他们，已是面目全非，认不出谁是谁了。他们就这样在行军途中牺牲了，非常可惜。

到了部队驻扎地，我们要做赴前线作战的准备。目的地就在大山里，没有村庄，离前线有十几里路。壕沟里有个碉堡，碉堡也很简单，上面就几根木头，树叶盖一盖。我们爬进去，里面很潮湿，外面下大雨，里面下小雨，好不容易才熬到天亮。到阵地上一看，我们很兴奋，到处都是炮弹、手榴弹。手榴弹我学过，没有扔过，只要拉开盖子，一扔就行。爆破筒我也学过，但没学会，开不出。当时年纪轻，很想打一打，过过瘾。

接下来几天是修路，修了好几天。一天，突然来通知，说中美谈判成功，晚上 10 点停战。我记得很清楚，那是 1953 年 7 月 27 日。那会儿我们是半信半疑的，因为谈谈停停多次了。但也很高兴，总算看到希望了。大概 8 点钟收到通知，刚开始听到前线炮"轰隆隆"的，机枪"叭叭叭、突突突"的，后来枪声逐渐稀下来，2 小时后全部停了。当时这 2 小时感觉像过了 2 个月。大家非常高兴，就唱《东方红》，喊"毛主席万岁"。当时，我们已经用白布把姓名、编号都缝在了身上，如果不停战，我们就要上最前线轮换其他部队，和美军正面交锋打仗了。只差一天，我们就上去了。

那一年，我 20 岁。停战以后，我们回到营地休整。后来就是造营房。上面会派一个施工人员，其他由我们自力更生。我们就地取材，把泥晒干做成泥坯砖，地基用石块，木头是从山上砍来的，盖瓦用点水泥，水泥是国内运来的。在盖房的时候，我们都是手工搬运，战士力气有大小，比如传大石头时，力气小的搬不动，整个队伍就停下来了，耽误事。后来，我提出了一个合理建议，排成两支队伍，力气大的一路，力气小的一路，力气大的搬大的，力气小的搬小的，提高了效率。团里有个文书就这个做法写了一篇报道，作为经验登在了志愿军战报上。停战以后，一方面要改善居住条件，另一方面要备战，所以我们还挖了一些坑道。

王化竑珍藏的纪念方巾

在朝鲜，我们三兄弟也是战友。大哥是在团部做宣传工作，由于有文化，得到了提拔。他书法很好，又会写文章。每次和大哥通信，他都会把我信里的错别字等改好还给我，并教我怎样写信。这样，我在大哥的帮助下，文化水平也提高了很多。后来，我们兄弟 3 个都从朝鲜回来了，大哥转业到黑龙江教书，二哥回乡务农。

我是 1956 年复员的。我珍藏着一双朝鲜布袜套，那是朝鲜老百姓送的。当年我因脚冻伤在老百姓家休养，朝鲜"婆婆"心疼我，送给我这双她亲手织的袜套。我穿了几天就把它洗干净、收好，带回国。这个非常有纪念意义，见证了中朝军民的友谊。

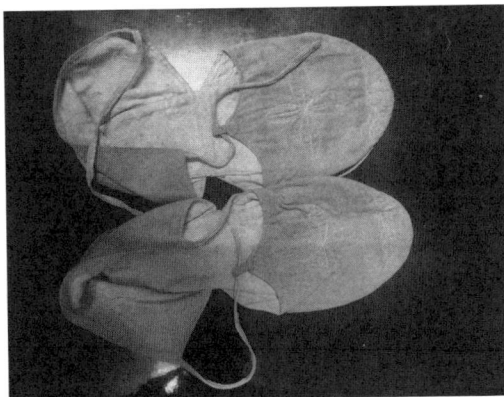

王化竑珍藏的朝鲜布袜套

石玉琴口述资料

口述人：石玉琴

采访整理人：翁洪彬

采访时间：2023 年 10 月 31 日

采访地点：南湖区新嘉街道栅堰小区

1949 年 7 月，我志愿报名参军，在辽宁沈阳凤城公安第 18 师当护士。

我是在 1950 年 10 月去朝鲜的，坐汽车过鸭绿江。汽车在路上开了三天三夜，一路上都是山，一直开到了朝鲜北部的一个卫生所。我们住的是朝鲜老百姓的房子，都是平房。

在朝鲜，比较苦，有时候没什么吃的，许多战士都得了夜盲症。一打仗，就会有很多伤病员被送过来，还有俘虏过来的美军伤病员。因为政策规定要优待他们，所以他们吃得比我们好。在卫生所，经常有重伤员救治不过来，牺牲了。

我在卫生所什么都做，给伤病员洗衣服、打针、烧饭、送药，还要给准

1951 年 12 月 16 日拍摄的奋斗在医务疆场上的留念

备手术的伤病员刮毛、灌肠等，我已经见怪不怪了。但有的小护士没见过，胆小害羞。有一次，小护士看到男伤病员身体，吓得往外跑。卫生所有十几个人，我因表现积极、工作业务好、胆子大，立了一次功。在立功表彰大会上，全团就我一个女兵上台领奖。

在朝鲜期间，美军飞机天天来，经常在我们头顶上转，找目标。炸弹扔下来，我们就躲在防空洞里。有一次，飞机来了，我们往防空洞跑，有一个战友来不及找防空洞，就把头钻进隐蔽的地方，屁股还露在外面。还有一个战友，慌忙之下把鞋子顶在脑袋上。还好，在朝鲜期间我们卫生所没有人牺牲。我当时 18 岁，年轻，好像什么也不怕，我跟一个好战友互相讲好，如果谁牺牲了，就互相给家里捎个信，把一些东西送家里去。

我是在 1954 年回国的。

朱亚口述资料

口述人：朱亚

采访整理人：翁洪彬

采访时间：2023 年 11 月 10 日

采访地点：南湖区新嘉街道三元路富安御园

老战士档案

朱亚，男，中共党员，1928 年 9 月出生，江苏昆山人。1944 年 8 月参军。1946 年 6 月，在华东野战军第 6 纵队担任卫生员、医助，后担任军医、卫生干事。1952 年 9 月入朝，在志愿军 24 军 70 师 208 团卫生队任干事。1955 年回国。

1928 年 9 月 19 日，我出生在江苏昆山，父亲是铁路工人。我在一个镇立学校读小学，读到三年级。后来，日本侵略中国。由于铁路上不安全，父亲带我们全家回到了徐州东边的农村，我在那里读了两年私塾。

1938 年，八路军到了我们那里，给我们讲抗日道理，组织农民救国会、妇女救国会、青年抗日先锋队、抗日儿童团等，给我们带来了希望、带来了光明。1939 年春节前后，我瞒着父母参加了八路军。大概 9 个月后，由于当时形势紧张，包括我在内的 5 个年纪小的士兵被精减回家。1942 年，我又参加了基干民兵队。

在当基干民兵的时候，我萌发了入党的念头。我知道，许多八路军都加入了共产党，而且我还记住了入党的要求。经过考验、审查，1944年6月7日晚，在一个地主炮楼里举行了入党仪式。我的入党介绍人是一位支部书记。

1944年8月，我又瞒着父母去参军。部队看我算是一个小知识分子，让我到分区卫生部卫生队学习。学了8个月后，我被分到连队当卫生员。我先后参加过抗日战争、解放战争。解放战争结束后，我们部队到了北京。

1952年的秋天，我参加了抗美援朝战争，那时在24军70师208团卫生队任干事。其实8月中旬开始动员的时候，听说要到朝鲜打美军，保卫祖国，大家都积极申请，不少人还写了血书表决心。9月，我们跨过鸭绿江，从安东（现丹东市）过去。我们那时环境好一点了，敌人飞机不太过来了。原来的大铁桥让美军炸坏了，塌在那里，半里路的地方，架了一座浮桥。第一批战士入朝时是炮火连天的；我们是听着"雄赳赳，气昂昂……"的音乐过去的。到了朝鲜，状况就不一样了，看不到一个完整的村庄，回头看自己祖国，一片繁荣景象，心里很感慨。到了朝鲜，先是急行军，走到了朝鲜的元山港。到了后，吃的没有，住的也没有，靠带着的干粮挺过去，有时实在没有条件就吃生的。怎么睡觉呢？没有房子，没有一个村庄是好的。我们就搭帐篷，6个人一组，上面4块油布，下面2块油布，再从山上弄点茅草，往往到半夜就冻醒了。我们基本上是一路踏着冰雪走过去的。

我们经过20多天的艰苦行程，到达元山港地区接替兄弟部队27军的防务，但没过多久，上甘岭战役打响了。1952年底，我们奉命开赴朝鲜中线，参加上甘岭战役。那时，大雪纷飞，积雪一尺多厚，气温零下30多度。走路就更艰苦了，冰雪打滑，经常有人摔倒，上山下山要专门有人扶着，许多战士都摔骨折了，真的特别苦。不能休息，要休息也不能坐下来，只能把身上的东西放下来，如果坐下来3分钟，人就有可能冻死过去了。我们身上每天都背着五六十斤东西，棉衣、棉裤、干粮、弹药等。我们那会儿装备好多了。第一批入朝的穿的都是单衣，零下 30 多度，许多战士冻死了。越向前走越冷了，行军路上还下起了雪，每天很难吃到一餐热饭，饿了嚼把炒米（就是炒熟的普通大米，不是那种爆米花），渴了抓把雪放在嘴里。虽然每人都配有水壶，但因为滴水成冰，水壶不起作用。我们冒着严寒，踏着冰雪，冲过无数敌机敌炮的封锁线（离"三八线"越近，敌人越猖狂），翻山越岭。经过 7 个昼夜的风雪行军，行程 400 多里，我们抵达中线西方山、五圣山、上甘岭等地区，接替兄弟部队 15 军的防御任务。那段时间，生活非常艰苦，主食是炒米或高粱米，菜是干菜、粉条等，没有新鲜蔬菜，很多人患了夜盲症。在山上，用水限量，每人每天两茶缸（约 1000 毫升）。坑道阴暗潮湿，很多人得了关节炎。点的是煤油灯，通风也不好，脸上被煤烟熏得乌黑。有一次，我回到后方去，他们都不认识我了，到河沟里一洗脸，脸白得吓人。

到了上甘岭，第一阶段战斗结束，我们接防，立即进入阵地。这时敌人已经知道来了新的部队，想趁我们立足未稳，给我们下马威，但是我们守住了。我团 2 连两天打退了敌人的 13 次进攻，敌人对我们的阵地共打了 2 万多发炮弹。黄继光烈士牺牲的 597.9 高地被削低了一米多，成了一片废土。工事打塌了就抢修。很多同志为了抢修工事，工具不够就用手扒，双手鲜血淋漓也毫不在乎。敌人不断进攻，却不断失败，后来就老实了。我们就趁机修筑坑道，加固工事。整个上甘岭战役打了三四十天，应该是时间最长的战役，我们是参与了第二阶段。结束后，有一段时间没有大的行动，就对峙。我们小分队行动，白天看好地形，晚上突击一下。

到中线以后，我们团成立了一个战勤司令部，专门负责转运缴获和下拨的武器、粮食、被服、医药器材等。我被临时抽调到战勤司令部前沿指挥所，负责转运第一线物资。这让我有机会到第一线了解队情况。有这么几件小事让我印象深刻：

俘虏政策深入敌心。我们小分队夜晚出去活动，每个人口袋里都要装上水果糖（每粒都是用精致的纸包好的，专供战斗连队），抓到俘虏先塞一把糖给他，再比划一下不杀的动作，他们就乖乖地跟着走了。有一次，我们一个班抓了几个美国兵，过水沟时，我们有位战士摔倒了，旁边的俘虏还伸手把他拉了起来。凡抓到的俘虏，都要经过我们指挥所，由英语翻译初步审讯后再送到后方。他们见到我们也不拘束，我们也没有专人看管他们，但是从未有人逃跑。有一次，小分队抓了一个比利时兵，他的手臂上负了轻伤。我去帮他包扎，处理好之后，他从口袋里掏出一叠照片比划着对我介绍，最后还伸出大手和我握手，微笑着对我频频点头表示感谢。因为他是说法语的，没有人听得懂，很快就被送走了。有一次，我们俘虏了一个美国军官（尉官），审的时候他什么都不说，说要保密。那会儿我住在他们坑道隔壁，我就让翻译告诉他："我们不打死你，但如果你被你们的飞机大炮炸死，我们不管。"这下，美国兵怕了，什么都说了。

还有一件事，发生在 5 月底的一天下午。那天，通信员跑来告诉我，说 1 营军医遇险了，情况不详。听到消息，我赶紧沿交通沟跑过去。到那里一看，平安无事。怎么回事？原来军医张鸣风和管理员王光烈中午吃饭时有一发炮弹钻到他们的桌子底下。他们住的小坑道有六七平方米，中间是用子弹箱搭的小桌子，坑道的门偏向敌方，想不到这么巧会窜进来一个半米多长、直径 8 英寸的大炮弹。他们认为这下子完了，谁知过了半天炮弹也未炸。原来是个哑炮，真是有惊无险。

还有一次，应该是在 6 月初的一天下午。那天，我从山上坑道去 3 营（我所在的五圣山海拔 1061.6 米，坑道就在山顶稍下一点），刚走出 200 多米，只见 4 架美国 F-86 战斗机在 3 营阵地上方盘旋、扫射。同志们就用机枪、步枪对空射击。不到三分钟就有一架敌机被打中，机身冒着浓烟往下栽，而

朱亚不同阶段当兵的照片

敌机飞行员立马跳伞逃命，但很快就被我们俘虏了。等我回到指挥所，飞行员已被师里派车接走了。

抗美援朝意义很大，打出了国威。抗美援朝也很苦，最苦的一个就是天冷，冰天雪地。第二个就是打得苦。美国那会儿是飞机大炮，大炮还都是远射程的，有的打三四十里路。后来我们有飞机了，慢慢地，美国的飞机少了。他们的炮弹简直跟不要钱一样，随时打。一般来说，卫生员是不太会牺牲的。解放战争时，我们部队就牺牲了一个驻地军医；而抗美援朝时，我们一个营就牺牲了3名卫生员。还有一个部队卫生所，当时驻守在地堡里，一个炸弹下来，人员全部牺牲了。2000磅的炸弹，威力很大。我还在炸弹坑里游过泳。我们部队1连一个通信员，才17岁，重伤，没有办法，送到后方前，经过我这里，他说："朱军医，我不行了。"我说："祝你康复。"但是送到后方后他就牺牲了。这场战争真的很惨烈、很苦。有时候遇到封锁，供应跟不上，就要挨饿。没有菜吃，就发动大家挖野菜吃，停战之后我们才吃到新鲜蔬菜。

1953年，我回国了。

李成贵口述资料

口述人：李成贵

采访整理人：翁洪彬

采访时间：2023 年 10 月 27 日

采访地点：南湖区南湖街道农翔苑

老战士档案

李成贵，男，中共党员，1931 年 2 月出生，辽宁昌图人。1950 年 10 月参军。1952 年 6 月入朝，分配在高机连。1953 年回国。

我是辽宁昌图人。1950 年，我响应毛主席抗美援朝号召，去当了兵，在辽宁军区独立师，是警卫连战士。

1952 年 6 月，我在辽西兴城驻防。部队接到抗美援朝命令，抽调了 20 余人去朝鲜。我们的驻地在大山里，周围都是山。我们一开始主要是帮助其他部队挖防空洞。当时我们还有些想不通，开玩笑地发牢骚："我们是来打仗的，这算当什么兵呀。"有老兵就说："你们别急，你们会慢慢分配到连队去的。"

山上都是部队，一般是高射炮部队，37 炮、85 炮等。后来，我分到高机连，装备是高射机枪，都是苏联的装备。当时连队分工都安排好了，有一枪手、二枪手、三枪手等。我还是新兵。新兵刚开始只是辅助，我很想打枪，但没有机会。后来，上面命令，老枪手让位，如果来飞机就让新同志打打，让新同志练练。我们可高兴了。我们高机连是两用的，可以打飞机，也可以打地面敌人，有效射程 8 公里。

我们部队就驻在抗美援朝司令部总部附近山上，和他们就隔一条河。从山上能看到彭德怀首长和金日成等领导的车辆进出。我们高机连有两个任务，一方面保护炮兵阵地，另一方面保护指挥部重要目标。保卫司令部、保卫首长，责任很重。

我们一个班有 2 挺重机枪、2 支步枪，没有手枪。我们连队主要是保护总司令的，没有机会与敌人打仗，也没有牺牲的。我们一天到晚抱着机枪，时刻准备着，但是没有命令就不能放枪。

有一天，我们团战果很好，打下 7 架美国飞机。我亲眼看到飞机被打下来了，飞行员被抓过来了。一回来，车就开来把飞行员带走了。我们一个团有七八个连，但是我们连没有打下过飞机。

在朝鲜期间，我立了一次三等功。1953 年，我加入了中国共产党。那时年轻，对打仗也不知害怕，倒是很想有机会跟美军干一仗。当时心里真的是这么想的。驻防经常以一个排为单位。排里经常派我一个人跑去连部请示任务。有时候要走三四十公里路，而且都是山路，因为我们周围都是大山。一个人执行任务说不害怕是假的，但又不敢说怕，于是我向排长建议："最好再派一个人一起去，万一路上有事，还有人把任务领来。"排长把我批评了一顿，说："我就知道你小子怕死，排里人有的是，你知道为什么单独派你去吗？"到现在，我也不知道为什么。也许是锻炼我。去请示任务时，我没有背枪，也没有带武器，野兽也没有遇到过。那时年轻，有时候我就这么翻着山头过去。

当时，我感觉上前线挺好的，能有枪打。这时就有老兵说："还高兴呢？今天到这里，明天到哪里去都不知道了。"有一次，我们部队调防到前线去，一般我们都是晚上行军，结果那天晚上，美军飞机扔了个照明弹，把天照得很亮，感觉比白天还亮。这时，美军飞机一阵机枪扫过来。一颗子弹打中了我的一个战友，把他的腰部打穿了，肠子都出来了，子弹就这么左边进去右边出来。他当场牺牲了。我心里很难过。因为我们很熟，是一起参军的老乡，平时经常开玩笑，而且还是一个班的。当时说一点不害怕是假的，真正打仗还是有些怕的。后来，我们连队没有人员再牺牲。

1953年停战后，我回了国。接到命令，去热河平泉县。我们团接到新任务，就是自己建设营房。我是烧砖的，在平地上烧砖。一年左右，大概是1954年，空军部队选中了我。我就从步兵选调到空军，驻地在长春。我们在那里学习飞行理论基础，学了大约两年。我在1958年3月1日退伍，到嘉兴毛纺厂工作。1992年退休。

李宝香口述资料

口述人：李宝香

采访整理人：钱宝良

采访时间：2023 年 10 月 12 日

采访地点：南湖区干河滩化肥厂宿舍

老战士档案

李宝香，男，中共党员，1936 年 8 月出生，浙江桐乡人。1951 年参军。同年入朝，在志愿军 26 军 76 师 27 团高射机枪连。1952 年回国。

我出生在桐乡，七八岁时父母就离世了。母亲去世前，托人叫我到嘉兴塘汇的一家打铁店做学徒工。后来，我就去了这家打铁店。因打铁店老板在塘汇镇上还开了一家化妆品店，离打铁店几百米远，我就做起了去送饭的工作。1945 年，经朋友介绍，我去了平湖广陈一家打铁店正式做学徒，当时主要做纺线的锭子，形状是两头尖的，长短如筷子。1949 年，又到平湖钟埭打铁店。1951 年，我参了军。

参军前，要先到新丰区政府体检，后又到医院体检。参军第一站是秀州中学位置，部队名称是 26 军 76 师 27 团高射机枪连。参军后，乘火车到东北乡下。在部队，我们领到了苏联制造的高射机枪，组装好，擦上油。训练时，班长级别以上的可以打靶，打三发子弹。

后来，我们部队准备去朝鲜，先到安东（现丹东市）。正好遇到桥梁被敌机炸毁，我们在安东多停留了几天。进入朝鲜，到达元山，看到几十架敌机飞来，几十枚炸弹落下来，我们赶紧躲起来。

行军时，每到一个地方，我们就各自挖一个防空洞。洞不大，只要能够躲藏自己一个人就可以。我们连主要配合高炮部队。敌机飞得低，就用我们的高射机枪打；敌机飞得高，就让高炮部队打。晚上，如有敌机出现，探照灯部队就负责照射，很多只探照灯照射同一架飞机，跟踪它，然后由高炮部队或我们的高射机枪打击。我们的高射机枪和高射炮主要架设在桥梁、车站、路口等交通要道，防止敌机轰炸破坏。

我们大部分时间都在晚上行军，天气很冷，我们手脚冻到麻木。总共行军了一两个月，就这么一步步向南推进。飞机来了，听到信号枪声音，我们就快速躲起来。没有飞机时，就继续行军，行军几小时后停下来吃饭。

我在朝鲜大概待了一年多时间。印象最深的是西峰山战斗。打这一仗前，部队是有准备的。早上爬起来，大家要去山上拾柴，准备烧饭用。战前，我们在架高射机枪的地方挖一个坑，人和机枪都隐蔽在坑里。后来，高炮部队也来了。大约在晚上10点，开始炮击，打半小时左右开始发起冲锋。敌人为了阻止我们的进攻，出动飞机，投放照明弹，整个夜晚和白天一样亮。而我军也利用探照灯、高射炮、高射机枪进行打击。

1952年，我从部队回来。不久后，我到嘉兴机场做小工，又到衢州机场做工。1954年，嘉兴建设农场，我报名参加建设。1958年，有一个师傅跟我讲，嘉兴有一个大型铁工厂，问我愿不愿意去，我就去了。1961年，嘉兴化肥厂刚建厂，到我们工厂来招人，我就去了化肥厂，还在化肥厂加入了中国共产党。我在化肥厂一直干到退休。

杨乾口述资料

口述人：杨乾

采访整理人：钱宝良

采访时间：2023 年 11 月 2 日

采访地点：南湖区湘家荡大树疗养院

老战士档案

　　杨乾，男，1934 年 6 月出生，浙江诸暨人。1951 年 5 月参军，在中国人民解放军工兵 101 团。1951 年 8 月入朝，属于工兵。1953 年回国。

　　1951 年 5 月，我参了军，之后我们这些新兵正式编入中国人民志愿军。8 月 1 日，当夜幕降临时，我们就扛起了背包及参战工具，从安东（现丹东市）雄赳赳、气昂昂地跨过鸭绿江……我们迈着坚定的步伐，唱着雄伟的志愿军战歌，大步前进，很快就进入朝鲜境内一个叫新义州的地区。为了避免敌机的扫射，进朝部队都选择黄昏出发，夜间行军，白天休息。第二天晚上约 10 点钟时，我们看到天空中射下来的照明弹，闪着光，一时间黑夜透彻明亮。突然，两架美军喷气式战机从一个山头上俯冲下来。不知道是我们的行军路线被敌人发现还是有敌特情人员指使而为之。我仰望天空，一时不知如何是好。这时，我身边的副班长，猛一扑，我和他一起滚入了低凹处趴下。顿时，炸弹的碎片从头顶呼啸而过。

副班长姓俞，是山东人，1945 年参军，在解放战争中磨炼过。因此，他马上有此举措。这也是我第一次经历炸弹落下开花的真实场景。如果那会儿没有及时卧倒，不知道后果将会如何。前线还没有到就受伤或牺牲了，这不太可惜了吗？吃一堑，长一智。在以后的多次敌机扫射轰炸前，往往先有警报声告知。当听到警报声和枪声后，部队就很快进入隐蔽地段。特别是首先要保护好自己的脑袋。有一个白天，我们在小溪边休息，突然遇到 4 架野马式敌机扫射，我晒在石头上的雨布立马就增添了两个窟窿。炊事班的铁锅也被炸碎了。我隐蔽在距扫射处只有 5 米远的地方，真险呀！庆幸的是我们连无一人伤亡。一天，在出发前，排长告诉我们当晚要通过摩天岭。摩天岭是最险要地段，上下有 60 余里，但当晚必须通过。因山高路窄，天又特别黑，同志们就紧挨着前进，每人左臂上都扎一块白毛巾作标记。为了不掉队，班长让大家用一根粗绳互相拉着前进。走了约 3 小时后，我开始处于一边走一边打盹的蒙眬状态，有时猛醒过来脚已踩到断崖峭壁边缘，再往前踩一脚就会掉进深谷，真的是很危险呀！每当传令就地休息 10 分钟时，我一放下背包，不到 1 分钟就睡着了，每次都要靠旁边的战友叫醒我才起来继续前进。后面的副班长也一再叮嘱，一定要坚持住，不能掉队。经过约 8 小时的步行，终于跨过了天险摩天岭。一进入休息地，同志们都很快入睡，呼噜声不断。在行军中，我们的负重除了自己的被褥、衣服，还有 10 多斤的食物，如肉罐头、压缩饼干、炒面等。班长配有一支冲锋枪，副班长有一支短三八枪，老兵配一支长三八枪。我们背一把铁锹或十字镐。我年幼体弱，大约走了一星期，就觉得非常疲劳，难以跟进。班长看到体弱者的情况，就动员体力较强的同志发扬团结友爱、互相帮助的革命精神。蒋雪权同志比我强壮得多，也受过多年的磨炼，体力较充沛。听了班长的动员后，他很快就把我和另两个体弱同志的背包一人挑着前进，直到目的地。

我们部队继续行军，直奔前线，遇到道路上有弹坑时，我们就停下来，集中力量动用随带的工具挖掘沙石把坑填平，以保障车辆继续前进。

匈牙利诗人裴多菲在一首诗里写道："生命诚可贵，爱情价更高。若为自由故，二者皆可抛。"用这首诗来描写我们这批志愿军战士最恰当不过了。战争确实是残酷的，我们所到之处，沿途亲眼所见，遍地是弹坑；沿途大小城市，断壁残墙，瓦砾遍地，几乎没有一幢完整的房屋；沿山丛林都是燃烧的痕迹；沿路拐弯处都大量堆积着美军的坦克、装甲战车、汽车等武器。朝鲜的年轻人因为保家卫国都上了前线，在战争中牺牲的人很多。为了生存，朝鲜大多数村民都沿着小溪建造了半掘式房屋居住。战争是残酷的，是毁灭性的。不要战争要和平是人类的共同心愿。

我们从安东出发，步行 26 天，夜行 18 天，白天行军 8 天，终于到达了"三八线"附近一个叫江原道伊川郡的地方落脚。到达目的地后，首先要解决的是住宿问题。附近没有房屋。我们班就住在小溪边的一块大石头下面，挖掘了约 10 平方米的洞穴。洞口垒上大石块，留一个能爬进爬出的口子。因洞内阴暗潮湿，我们只能就地取材，如干柴枝条或草类等，铺在地上，上面再铺上雨布。一班人就挤在这里睡觉。晚上，大家轮流在门口站岗，2 小时到了，就把下边换班的同志叫醒，然后自己爬进去睡觉。因洞里潮湿、空气不流通，卫生条件差，以及天气极端恶劣等，很快，班里的同志都开始皮肤红痒及长虱子。我的屁股上也长出几个疥疮，让行走及工作变得极为困难。但战友们仍然精神抖擞，克服各种困难，顽强地战斗在第一线。日子过得很快，不知不觉，朝鲜的冬天到了，气温也直线下降至零下 30 度左右。由于运输困难，我们过冬的棉衣裤尚未到达下发，真是寒风刺骨呀！我们有的同志就在两条单裤中间塞上草类之物，扎紧裤脚御寒。吃的是一把炒面一口雪。几个月下来，头发长很长，远远望去如野人一般。我们发扬一不怕苦、二不怕死的革命英雄主义精神，天天早出晚归，挖坑修路，挖掘隧道，构筑大炮阵地，并及时将大炮拖送到山腰或山顶等，做好了各项后勤保障工作。作家魏巍去朝鲜后写了一篇文章，真实地描述了我们在朝鲜参战的战士的生活。我为能够成为新中国成立后第一批"最可爱的人"而感到无比自豪。

朝鲜迎来极其严寒的冬天。长期这样下去，势必会增添病员，减弱战斗力。为此，上级领导决定我们部队全部撤回祖国进行休整。一次，领导在总结报告中说："我们知道浙江兵有文化又聪明，你们这次上前线经受了艰苦恶劣环境的考验。事实证明浙江兵能吃苦、能战斗，你们是好样的！"顿时，我们拍手致谢。然后他说："报告你们一个好消息，你们马上要见到祖国的亲人了，上级决定让你们回国进行冬训调整。"我们听到即将回到祖国怀抱的消息，一时欢呼雀跃，高兴得不得了。晚上，大家聚在一起畅谈回国要见亲人的兴奋之情。这天晚上，大家基本睡不着。临行前，棉衣、棉裤、棉鞋及棉大衣也下发到我们每个战士手中，穿在身上暖和舒适极了。第二天一早，我们捆扎好背包，携带好工具集结完毕。有汽车专程送我们到熙川火车站，以排为单位，每排乘坐一节棚车车厢。我们从前线直奔吉林市火车站，由于沿路有300多个山洞，加上棚车密封性差，火车燃烧的烟灰直扑车厢，打在身上。我们脸蛋乌黑，只有牙齿尚白，完全成了非洲人模样。下车后，我们机械连很快被送到吉林市长春路长春坊一带住宿。我们没有想到的是，这里的乡亲们早有准备，手举红旗或撑着横幅，上面写着"热烈欢迎最可爱的人回到祖国怀抱"等标语，他们还不断地呼喊口号："同志们辛苦了！"队伍里有敲锣打鼓的，也有扭东北秧歌的，真是热闹非凡。欢迎者有老大爷、老大娘，还有妇女和小孩子们。看到我们如黑猴子的模样，很多大娘热泪盈眶。

我们班被安排住在马路旁边的一户俞姓人家。俞大哥夫妻俩有一个约10

岁的男孩，为三口之家。俞大哥以收废铜烂铁为生计，家庭经济条件肯定不是那种富裕的类型。东北的家庭住房都比较简陋，大多为平房建筑。一户居民建一个灶间，并连接约30平方米的房间，中间是通道，两边为炕，南炕下面有烟囱同灶间连接，供冬天取暖之用。日常吃饭、睡觉都在这个炕上。吃饭时就摆上一个小桌。俞家把房间打扫得很干净，并在炕上铺了新的芦席。我们很快洗漱完毕上炕了。这也是我第一次体验东北热炕，热乎乎真舒服。不一会儿，同志们就进入了梦乡。我们同住一屋，真正体现了军民一家亲呀！

第三天，召开了全连大会进行动员，并提出有关要求及纪律等事项。冬训也就这样正式开始了。内容有政治、军事、文化，以扫盲为主，当然，都是一些基础知识。我们连在冬训结束后，视战士们的实际情况和表现，进行了大的变动和调整，凡有高小以上学历的战士都得到了重用。初中毕业者都进连、营部当文教、文书及司务长等。我也被提升为连上士兼炊事班班长。很快，3个月的冬训即将结束，同志们的身心也得到了休整，上级命令我们连第二次入朝。

这次，我们是乘火车直达朝鲜元山，后乘汽车到100多公里远的一个大山坳里，就地找隐蔽处搭帐篷。炊事班首先要垒锅灶解决全连的吃喝问题，又要解决自己的住宿问题，一时忙得不可开交。我就向副连长汇报，要求派人支援，很快各班各派一名成员来炊事班帮忙。我们连在这里驻扎好后，任务是为志愿军炮兵司令部领导及机关搭建掩蔽部，包括办公室、住屋等。掩蔽部根据当地山脉地形特点建造，一般建筑面积为10—20平方米，有单间也有双间。在大坑挖好后，四周都用直径约20厘米的松树支撑并用抓钉固定，顶部要铺两层圆木并加盖一米多厚的土，以抵挡一般炮弹的冲击；上面还要用草皮及树枝条伪装好；通道口要设几个拐弯处。住屋炕下为生火通道，以供取暖；炕上用石板铺面并用泥浆封涂，绝不能冒烟。为了安全考虑，烟囱管道往往要引到 30 米左右远的地段。施工没有机械作业，挖洞及浇灌完全靠手工劳作，每天工作都在十二三小时，劳动强度是可想而知的。

我们连这次是单独为炮兵司令部构筑掩体工程，距离团后勤部很远。为此，我们的后勤生活供应就委托离我们连很近的 20 军后勤部托管代供。这样，我拿着连里开的介绍信，每周到 20 军后勤部领取我们连的主、副食品。领来后，先到存放仓库看一下货源情况，填好清单叫领导批复认领。肉、蛋类包装品都是有供应标准的，不能超标。大米和面粉等主食往往要到附近粮站领取。粮站驻地都设在山坳偏僻地段处，汽车不能前往，必须靠人力背回来。有一次，我带着 12 个战士一同去附近粮站领粮。这天极为寒冷，零下 20 多度，天上雪飘，地上冰冻。我们要翻越两座小山，20 多里路程，去时不感到困难，但当我们每人背一袋 50 斤重的粮食返回时，走在平坦路上不觉费力，翻越小山时就很费力，甚至会进两步退三步。后来，我们干脆脱去胶鞋，赤脚往上爬着前进，终于顺利到达目的地。这也是环境对生命极限的考验，是"一不怕苦，二不怕死"的真实体验。每当回忆这些往事时，我自己也感到难以置信。但经历过这场战争的人们，都会有亲身的体会，这就是大无畏的革命精神呀！经过全连战士 3 个多月的紧张施工，炮兵司令部各办公室及住屋很快完成搭建。炮兵司令员和政委及机关成员陆续搬进了掩蔽部办公、就寝。工程结束后，第二天下午，我们全连同志在一个小山坡就座后，指导员宣布请炮兵司令员讲话，我们报以热烈的掌声。一个身材较小的男人，左脚一拐一拐很吃力的样子，走到了我们前面。后来得知，他的左脚在战争中受过重伤。但他一开口，声音非常洪亮。热情洋溢的讲话，让我们倍感振奋。他大力赞扬我们工程兵不怕苦不怕累、全力以赴的战斗精神。他对构筑的掩体非常满意，一再感谢工程兵的同志们。我们又报以热烈掌声深表谢意。

在朝鲜，最难忘的莫过于祖国亲人的慰问。1952 年的春节前后，全国各族人民掀起了慰问抗美援朝志愿军的热潮。为了迎接亲人们的到来，在部队集结地段，如军、师、团驻地，同志们利用松树、柏树等的树枝，架设"热烈欢迎祖国亲人的慰问演出""感谢祖国人民的关怀和爱戴"等标语，周围还插遍红旗和小标语；还在指定地段搭建简易舞台，迎接亲人们的慰问演出。我们部队分批去观看亲人们的文艺节目，欣赏他们的精彩表演。志愿军每人还分到一个小布袋，里面装有香皂、牙刷、牙膏等生活用品，还有一个茶杯，上面写着"献给最可爱的人"，还有中小学生写来的一封慰问信。这些慰问充分表达了祖国亲人对志愿军的关心和爱戴之情。我们全体战士无不喜笑颜开、欢欣鼓舞。

朝鲜的冬天，极为寒冷。由于工作需要，我每天必须一早出去购物，回队后往往双手冻得僵硬麻木而不能动弹，我就立即放在火炉上烤。有老同志劝道："小杨，你这样烤不得的，将来手要出问题的，你要用温水慢慢浸泡才行。"当时我根本听不进去，继续将双手放在火炉上烤。在冷和热的强烈刺激作用下，我的两只手萎缩了，苦不堪言。后来，每到冬天，我双手都僵硬无比，不能动弹，筷子也拿不了，只能靠一把勺子解决，衣服纽扣也扣不了。直到我转业到地方后，经过3个多月的治疗才基本恢复。

志愿军分批全部回到祖国，我们部队是第一批返回祖国的。

吴壬华口述资料

口述人：吴壬华

采访整理人：钱宝良

采访时间：2023 年 10 月 20 日

采访地点：南湖区清河小区

吴壬华，男，1933 年 6 月出生，浙江嘉兴人。1950 年 1 月参军。1952 年 2 月，到安东大孤山机场，属机场通信兵。1954 年，到安东浪头机场，后调到沈阳。

1950 年，我正在嘉兴县中学读书。那时，正好遇到华东军政大学浙江分校来招生。我报名参加考试，顺利考取了。随后，就去了华东军政大学浙江分校，校址在金华城里。学习 8 个月后，我被分配到南京军区空军。不久，又被派到山东青岛流亭机场空军 16 师通信队，做报务员，负责收发电报。在流亭机场一年多，我因为操作电报技术比较高，担任了通信班班长。

1952 年初的一天，我正在值班，收到一个电报，一看是 4 个 A，我知道情况紧急。等机要员译出来才知道部队要调动到安东（现丹东市）前线。没几天，部队动员我们去安东。1952 年 2 月，我们到大孤山机场。这机场属于野战机场，跑道都是用钢板铺设的。那里还有一个更大的机场，叫浪头机场（现丹东浪头国际机场），比大孤山机场大，跑道也是正规跑道。那里有苏联的飞行师，也有我们志愿军的空军。我们受中朝空军联合司令部的指挥，敌人的飞机飞到鸭绿江边，浪头机场的苏联飞机就带着中国的飞机起飞，在朝鲜一侧进行空战。有时会出动十几架飞机。我们机场的飞机都是苏联制造的米格飞机。当时，我们的飞机只能白天飞行，不能夜航。在大孤山机场，夜晚远望朝鲜一侧，火光很亮，我们知道前线战斗很激烈。

在大孤山那里我还属于机场通信兵，上级机关有指示时，就负责抄电报。

说到最悲惨的一次，是在宣布停战的那一天，离正式停战没几个小时，我们46团的团长（他是山东人，人高马大）亲自执行起飞任务，被敌机打中，执行跳伞任务时由于高度不够，没成功，掉落在海边沙滩上，不幸牺牲。我们都号啕大哭，万分悲痛。

朝鲜战场停战后，1954年，我回到浪头机场，那时苏联飞行员开始陆续回去，浪头机场完全由我们接管。后来，我因通信工作做得好，立过三等功。1963年2月28日，我转业回来，被分配到嘉兴塘汇供销社，一直工作到退休。

吴锡铭口述资料

口述人：吴锡铭

采访整理人：钱宝良

采访时间：2023 年 11 月 15 日

采访地点：南湖区砖桥街

老战士档案

　　吴锡铭，男，1934 年 12 月出生，辽宁营口人。1951 年参军，是空军 15 师的地勤兵。1951 年 10 月，到大孤山机场。1952 年 4 月，随部队到吉林公主岭机场，后又到大堡机场。

　　我出生在辽宁的营口。1951 年，我在营口当兵。我是空军的地勤兵，是为飞机服务的。抗美援朝时，我没有到朝鲜，就在国内的机场。

　　1951 年 10 月，我第一次到大孤山机场。这是一个野战机场。所谓野战机场，就是在普通的地面上，用压路机压平，然后铺上钢板，等到不打仗时，将钢板拿掉，照样可以耕地。

　　我们的飞机到朝鲜，第一仗打得不好，因为我们都是新的飞行员，而美军都是老飞行员，参加过第二次世界大战，技术很高。所以，在 1952 年的 4 月，部队回到吉林的公主岭机场整顿。大概整顿了半年，又到凤凰城（现凤城市）的大堡机场，一直到抗美援朝战争结束。

我所在的部队是空 15 师。美军的飞机经常飞到我们机场附近。在大堡机场，我们还打掉过一架美军飞机。

有一次，我们的飞机从朝鲜打仗回来，在机场上空排队准备降落。正在下降时，一架美军飞机突然来了，打中了我们的一架飞机。被打中的飞机，三个起落架中有两个放不下来，并且开始冒烟。这时，地面指挥所下达指令，让飞行员重新起飞，到一定高度后跳伞。情况太紧急了，这位飞行员只能硬着头皮，强行降落。接触地面时，飞机就像圆规一样，在地上打转。里面的飞行员已经昏迷。救护车和消防车迅速赶到飞机旁，但是飞机的机舱门已经无法打开，只能用榔头敲开。两个抢救人员将飞行员拉出来，马上送到救护车上，迅速离开。因为飞机在冒烟，随时有爆炸的危险，消防车马上持续喷水，将火给灭掉了。昏迷的飞行员也没事。而打伤我们飞机的美军飞机掉头逃跑了。

然而，让我们想不到的是，跟在我们受伤飞机后面的僚机看到敌机逃跑了，知道前面有一座很高的凤凰山，敌机肯定飞不过去，肯定会转弯沿着山的侧面回去。于是，僚机飞行员不直接追赶敌机，而是抄近路飞到凤凰山的一侧，计划等敌机经过时将其击落。敌机被打中后，冒着黑烟掉下去了，美军飞行员选择了跳伞。这一幕，机场人员都看得清清楚楚。机场人员马上安排抢救车赶过去。那时刚好是秋天，北方的庄稼已全部收割完成，地面平坦，抢救车就抄近路迅速赶到现场，将美军飞行员拉回来了。

过了几个月，又有 5 个美军飞行员被俘。

其中有个美军飞行员叫爱德华，回到美国后他也不做飞行员了，转业做生意。打掉他飞机的中国飞行员叫韩德才。1995 年，爱德华再次来到中国，要求见韩德才。经中国政府同意，两人在上海见了面。那时正好韩德才也退休了，在上海干休所。爱德华从美国的杂志上了解到韩德才在上海干休所，就专程来看他。他问韩德才："你为什么能打掉我？""我为什么不能打掉你？你飞到中国的领空，侵略了我们中国，我还不打掉你吗？"韩德才回答道。两人交谈了一会儿。后来，爱德华在中国转了一圈就回去了。上海的《解放日报》也登过这则消息。

还有一个故事让我难忘。有一天，我们团长带了8架飞机，从机场出发，上升到七八千米高度，占据了有利空域。突然，看到前面较低一点的地方有一架苏联飞机，被两架美机追赶，追到快要开炮的距离了。一般开炮的距离在1000米之内。团长看到后，马上指挥，安排两架飞机打前面的敌机，再安排另外2架打后面的敌机，其余的4架在高空做掩护。因为是从高空下来，我们很快将前一架敌机打掉，接着又将后一架敌机打掉。苏联的飞行员一看，两架敌机都被打掉，非常惊讶。然后，团长的机群和苏联飞机一起飞过鸭绿江，想不到都降落在大堡机场。苏联的飞行员从机舱跳出来，找到中国的飞行员，又马上到塔台找到一个翻译，跟翻译说这是他的救命恩人，并和团长又是握手又是拥抱，还到指挥所把事情的经过向领导作了汇报。原来，这个苏联飞行员也是一个大队长，他们一个大队的飞机数量相当于我们一个团的飞机数量。情况讲完后，还是不让团长走，说要在晚上安排家庭宴会，好好招待中国飞行员。

我们当时有两架飞机的零部件坏了，打报告要到苏联买，飞机也停了好几天。那个苏联的大队长知道后，马上问他们仓库里有没有这样的零部件，后来得知仓库里有，马上拿给我们，既节省了时间，又节约了成本。第二天，飞机就起飞了。

再后来，这个大队长要回苏联，就把自己的摩托车和一支双管猎枪送给了我们团长。团长向师部汇报后，决定将摩托车作为公共财产，留在通信连，自己留下了猎枪。中国也送给这位大队长两样东西，一条全毛毛毯和一条真皮皮带，皮带上印有"中苏友好"的字样。他们还相互签名留言。可惜的是，后来我们的团长牺牲了。

1956 年，我从东北到了无锡机场。1958 年，我到了嘉兴机场，担任嘉兴地区司令部参谋。我一共立功两次。1969 年 7 月 1 日，我转业到嘉兴绢纺厂，一直工作到退休。

邹玉山口述资料

口述人：邹玉山

采访整理人：钱宝良

采访时间：2023 年 11 月 15 日

采访地点：南湖区新嘉街道风清云都

老战士档案

邹玉山，男，中共党员，1934 年 5 月出生，湖北荆州人。1951 年 1 月参军。1951 年入朝，属志愿军 16 军。1958 年回国。

我是湖北荆州石首市农村的一个放牛娃。抗美援朝的时候，区委书记动员 16 岁的我不要当民兵队长（童子军），去参加抗美援朝。我一开始很害怕，觉得美国这么厉害，我肯定是不行的。但在书记的鼓励下，我就报了名。在我的带动下，还有 17 个人一起报名。1950 年的 12 月，我们先到区里参加两个半月的组织教育，忆苦思甜。1951 年 3 月开始体检，有肺病或者其他疾病的都不能通过，最后 13 个人通过体检。我当时虽然年纪小，但是个子长得高。1951 年 3 月，野战部队给体检合格的人发军装。17—18 日，开大会欢送新兵参加中国人民志愿军。一开始坐船到武汉，再坐火车（以前拉煤的货运火车）到辽宁的义县。到了义县之后，把我们新兵编入 16 军。我们在野战部队训练了3个月，主要是打枪等实操。大概在6月中旬入朝，晚上7点左右，从安东（现丹东市）集中，排成五路纵队，跑步跨过鸭绿江上的铁桥，一直跑到朝鲜的新义州。我是农村的，体力还可以，跑到新义州以后衣服都湿透了，脚也起泡了。到新义州大概晚上12点了。在新义州休息了一晚上，等到天亮了，美军的飞机像燕子一样"嗡嗡"地飞来了，满天都是，让人害怕。我们赶紧躲起来，谁都不敢动。到了晚上，命令又来了，说要急行军。

按照上级命令，我们要翻越黄草岭。这个山好高，我们用了3个多小时才爬上去。一开始往上爬的时候还可以，后来越来越累。我们排长很好，看我走不动了，说："小鬼，你赶快拉着马的尾巴上去。"于是，我双手拉着马的尾巴，爬上了山顶。山顶上风很大，又寒冷。爬到天亮，我们才下了山。下了山后，白天就睡觉。后来，又叫大家挖工事。

经过黄草岭时，最苦的是美军将黄草岭下面的一座铁桥给炸掉了，我们一个军几万人都缺粮食吃。一个星期过去了，粮食真的没有了，就叫我们到老百姓已经挖过的土豆地里捡一些剩余的土豆。我们将棉衣翻转过来穿上，敌机望下来不知道是志愿军。头两天，我捡的土豆还比较多，每次可以捡十来个，后来越来越少，最后一个都捡不到了。这样的紧日子大概过了一个星期。后来，我们的铁道兵把桥修好了，大米、猪肉等都运来了。

到了驻地后，大概过了半年，又叫我们转移到军隅里，我们又行军去了那里。

我觉得在朝鲜战场不分前线和后方，有时候前线的没有死，后方的反倒被敌机炸死了。我们走到离黄草岭100里左右的地方，连长叫我们在一棵较大的板栗树下开会。这时，美军的飞机来了。其实他们没有发现我们，而是瞎扔炸弹，正好一枚炸弹落在板栗树那里，当场炸死17人，其中包括我的3个同乡，还炸伤了15人。随后，我们就用白布将牺牲战士的遗体包好，就地挖了个大坑埋了，旁边再竖一块牌子，写上姓名、籍贯、牺牲日期等信息。当时看到这样的情形心里真是害怕、紧张。

第二天我们又继续走……

1952年5月，又命令我们急行军回国。听到这消息，大家高兴得不得了。这次回国主要是为了整编改装，因为我们向苏联买了好多飞机和大炮，武器装备要全部换成苏联的，我们炮兵部队换的全部是152榴弹炮。在国内整编了大概3个月，又去了朝鲜。大概是在1952年的8月，当时我是班长，我们团长和营长都去过指挥所了，看到我就说："小邹，注意了，马上有大的动作了。"到了第二天的中午，营长给我讲："这次要打大仗。"他说要把我们师其他团的12门炮全部调给我们，叫我们把前面被敌人占领的山头给打平。1952年的夏天，敌我双方在"三八线"形成对峙。有个无名高地，大概500米，是五圣山下面的一个山峰。五圣山下面有个洞，是天然的岩洞，白天我们把炮都拉到岩洞里面，晚上拉出来准备打。8月8日那天，139团的一个营过来，把他们的炮的性能给我们讲了。我们是团里的一个指挥排，专门为炮手测算开炮的方向和距离。

8月9日早晨五点半左右，敌人来反攻了，我们的步兵全部撤到山洞里去了，把先前我们占领的山头让给敌人。敌人来一个加强营，很厉害，马上占领了这个山头。他们得意忘形，相互拥抱，一起跳舞。这个山头上的一个平台有篮球场大小，要打下来，没有半天是不可能的。他们只花了很短时间占领，所以特别高兴。可是，我们的炮兵部队早已在纵深地带整装待命。我们在较远处的山上，用望远镜把敌人的一举一动看得清清楚楚。这时候，师部发来命令，叫我们几点几分开炮，营长也在我的旁边。师长、团长反复跟我讲，指挥开炮不能有半点误差，叫我再复查一遍。两个计算员在我旁边复算一遍没误差。

这次我们团 12 门炮，加上 139 团 12 门炮，共 24 门炮。一声令下，炮声轰响，美军高喊："不要打，不要打，我们是自己人。"原来他们认为我们志愿军没有这样先进的炮。我们还是继续打，共打了 18 分钟。后来就听不到叫喊声了。师长又命令："将炮火延伸，把后面敌人的 8 辆卡车也全部打掉。"我们的步兵看到了，高呼："炮兵万岁！打得好！"

打完之后，上级又马上命令：把炮拉进防空洞。我们 30 多个人拉一门炮，全部躲藏起来。三个步兵营的战士马上跑到山头捡敌人留下的武器。这次战斗，共打死敌人 280 多人，缴获枪支 287 支，有冲锋枪、步枪、轻机枪、重机枪。

还有一个故事是发生在 1952 年。有一天，团长叫我去，说有个任务交给我去完成。他说："在五圣山的下面，有一个敌人的坦克群，共 9 辆，他们要从五圣山开到平昌，我们准备把它搞掉。"我想怎么搞得掉呀。团长说："那里路不宽，仅仅能通过一辆坦克，你们去 4 人，分两个组，每个组给你们 4 个手榴弹。你们翻过山头，前面一组，后面一组，先把第一辆炸掉，再把最后一辆炸掉，要炸坦克的链条带。"我挑了 3 人，4 个人一起，背着手榴弹和冲锋枪出发了。

我们察看了那里的路面，在路面上挖了一个较深的洞，把 4 个手榴弹绑在一起，拧开盖子，把导火线串在一起，用一根线引出来，上面盖了伪装的草，又将线用绳子接到 50 多米远的山上。过了大概半小时，敌人的坦克群来了，他们把机枪架在坦克的上面。等到第一辆坦克到达手榴弹所在的位置，我们一拉绳子，"轰"的一声，链条被炸断。接着，又是"轰"的一声，最后一辆也遭到同样的打击。整个坦克群进退两难，成了一堆废铁。我们赶紧钻进山上的树林中，边跑边观察敌人的举动。这些美军从坦克里出来，左看右看，不知是怎么被炸的。

第三个故事发生在 1953 年。我们营里有个姓孙的参谋长，叫我一起去抓敌人的"舌头"，就是活抓敌人，从敌人口中了解敌情。当时我已是排长了。我们一共去了7个人，穿了南朝鲜（韩国）的军装，带了一个朝鲜的翻译。我们晚上8点出发，一直到半夜12点，一个也没抓到。当我们准备回来时，正好看到一间屋里有灯亮着，应该是煤油灯。参谋长说："走，我们去看看。"到那里一看，有3个军人，一个是英国兵，还有两个都是南朝鲜的兵，里面还有两个女的，应该是一对母女，母亲看上去40多岁，女儿十五六岁。朝鲜的翻译说那3个兵在玩弄她们。我们在参谋长的指挥下，枪支上膛，一脚踢开大门，3个兵一看，连忙说："哎，自己人，自己人。""什么自己人，我们是中国人民志愿军。"他们一听，怕了，瑟瑟发抖。我们命令他们将裤子穿好，用上衣将头蒙住。母女两人看到这一幕很惊讶、害怕，连忙说："谢谢你们，谢谢你们。"

1958年，我们军从朝鲜撤了回来。我们军部设在长春，师驻在梅河口，团驻在东丰县，是梅河口市管的一个县。我们回国的时候，朝鲜人民把我们抬起来，就这么一路把我们抬上火车。临别时，大家非常感动，他们流泪，我们也流泪。他们说："没有你们，就没有我们朝鲜，你们有那么多战士牺牲在我们朝鲜，真不容易啊！"

张凤山口述资料

口述人：张凤山
采访整理人：钱宝良
采访时间：2023 年 10 月 12 日
采访地点：南湖区建国南路

我叫张凤山，1930 年 12 月出生于河北省保定市徐水县西大夫庄村。1942 年，日军对华北平原进行"大扫荡"时，我 12 岁，正在读小学四年级。当时学校成立儿童团，我被推选为儿童团团长。那时，说是读书，实际是一边读书，一边参加地下抗日活动。在我读初中期间，学校按上级要求动员学生参军。我们全班的学生都报了名。1947 年 2 月，我参了军。经报务队训练半年后，我被分到察哈尔军区六分区电台收发电报。在电台就算排级干部。六分区共有 3 个团，相当于 1 个旅。国民党进攻时我们就离开，国民党不进攻时再回来，每天就是打仗、走路。后来，我们相继解放了察哈尔、张北、张家口、大同等地。我们部队又改编为 209 师。1949 年 4 月，我加入了中国共产党。大概 1949 年底，接到命令，我们 209 师的师团级机关都到空军去，从华北坐车到沈阳。我们是空军 3 师。

抗美援朝战争刚开始时，我们坐车去安东（现丹东市），坐了一天一夜，又从半路返回，听说是苏联空军不同意参战，认为还没有参战的条件。又过了几个月，也就是 1950 年底，空军正式参战，我们师和苏联空军都参战。参战时，我改做话务工作，负责引导飞机安全返回。我们一个飞行小组有 2 个飞行员，1 个报务员，1 个摇电员，加上我，共 5 个人，叫我做负责人。我们住在医院里，吃也在医院。待了几个月，我们又回到沈阳。后来，我又担任对空台的报务主任，地点在浪头指挥所，指挥作战的是聂凤智司令，后来是南京军区司令。我们的指挥所属预备指挥所，一旦前线指挥所被袭击，我们指挥所就接替指挥。我们的师长叫袁彬，去苏联学习过，俄语讲得很好。我们的浪头指挥所，包括我在内有 3 个报务人员，还有 1 个调配员。发报机有问题了，就由调配员调配。还有 1 个机械师和 1 个油机员，一旦机器有问题，比如没电了，他们就负责修理发电机。这些人都是我负责的。我们指挥所有个食堂，有 2 个炊事员，后来朝鲜指挥所的人员也在我们食堂吃。说是食堂，实际上就是一个烧饭间。吃饭就在外面空地上。

我们指挥所盖在十几米高的土坡上，是个两层楼。苏联的师长和一些领导每天也在我们的二楼上工作。我们一天的工作很紧张，每天开机十几小时，开机后要把机器调整到最佳状态，如果调得不好，指挥所和飞行员相互听不清。真正打仗时，确实很难听清，因为空中数架飞机同时发话，有苏联的，有美国的，也有我们的，相互干扰很大，怎么调都不太理想。有时天气不好，我们的飞机不能起飞。我们的电台也经常得到指挥所的表扬，说我们工作认真，保证了作战指挥。

如果美军的轰炸机过来，一个炸弹就可以炸平我们的指挥所。有一次，

1架美机飞得很低,斜着朝我们指挥所飞来。我们连美军飞行员都看得很清楚。后来,飞机飞到山那边去了,估计是被我们的高炮打中了。还有一次,我看到我们的1个飞行员在返程途中被美军的8架飞机包围,就在我们浪头机场上空。我们的飞行员击落1架美机,自己安全降落,这个飞行员叫魏双禄,是我们河北人。得知打掉敌机我们非常高兴,可以说既紧张又高兴。后来,我们内部的小报上刊登了一篇题为《独战八贼》的文章,宣传他的英勇事迹。在各次战斗中,我们全师共击落击伤敌机90余架,还得到过毛主席的批示肯定。毛主席在空军3师战报上批示——"向空军第三师致祝贺"。

1954年,我们部队调到嘉兴机场。

张凤山珍藏的军功章和抗美援朝纪念品

张文祥口述资料

口述人：张文祥

采访整理人：钱宝良

采访时间：2023 年 11 月 2 日

采访地点：南湖区湘家荡大树疗养院

老战士档案

　　张文祥，男，中共党员，1931 年 2 月出生，上海人。1950 年 1 月参军，在中国人民解放军陆军 20 军 59 师。1950 年 11 月入朝，属志愿军 20 军 59 师。1952 年回国。

　　1950 年 1 月，我在上海南翔参了军，那年我 20 岁。我当兵的部队是陆军 20 军 59 师。

　　我们先到东北的辑安（现集安市），1950 年 11 月出发到朝鲜。我们走过鸭绿江的桥。

　　在部队，我一直在师部保卫科，不直接参战。我们部队参加过抗美援朝第二次战役、第五次战役和阻击战役。我们保卫科主要负责抓特务。特务抓到后，移交执法办，进行教育。

　　我也看到过空降特务。上级有规定，朝鲜人抓朝鲜的特务，志愿军抓美军的特务。另外，一旦有美军飞行员跳伞，我们就把他包围了抓起来。

在朝鲜，我们有防空哨，敌机来了会开枪。听到防空的枪声，我们就立即躲到防空洞里。

我在朝鲜曾立四等功两次，三等功一次。1952年，朝鲜还没停战时我回国了。1954年，我加入了中国共产党。1959年9月，我退伍了。

张东京口述资料

口述人：张东京

采访整理人：钱宝良

采访时间：2023 年 11 月 8 日

采访地点：南湖区新秀苑

老战士档案

张东京，男，1930 年 10 月出生，上海静安人。1951 年 1 月参军。1951 年 5 月，到浪头机场担任机械师。1953 年 3 月，在空军第 3 师 9 团担任飞机修理机械员。

我老家在宁波，父母都是上海铁路工人。我读书读了 4 年。全民族抗战爆发后，我父亲去了重庆，家里 4 个小孩，没办法，只能将家里的房子租掉。我 12 岁出去当学徒工，在上海一家橡胶厂。做学徒时，我的手被机器轧了。后来，我去了铁路技校。

1950 年，我已经是铁路技术工人了。当时国家招党团员，要出身好的人当兵，然后我就报了名。当时我父亲不同意，说在铁路上做工蛮好的，工资也有，什么也不用愁，而我母亲同意。我是属于上海铁路部门保送的，当时我们这批新兵都是从上海大的工厂和铁路部门招来的党团员，政审情况好。

我的部队是空军第 3 师，简称空 3 师，部队在沈阳。到部队后，因为我原先是技术工人，拿的津贴是 30 斤肉的钱，其他没技术的战士拿的津贴是 6 斤肉的钱，我的津贴要高出好多。

当兵后，我们先到南京航空学校，在那里学习飞机的构造原理。不久，就坐火车到沈阳。到沈阳后，我们去了飞机厂。我被安排在工程部，每天上课，学习飞机的维修技术。

后来，抗美援朝战争开始了。1951 年 5 月，我被安排到安东（现丹东市）的浪头机场，大孤山机场也去了。当时，浪头机场的跑道是临时铺设的。机场上的飞机坏了，就要到沈阳的飞机厂修理。飞机修好后，领导叫我去检验，合格后就装回机场。

我属于空军机械师，专门修飞机。飞机打坏了就由我们来修，比如高压系统的油管、发动机的喷油嘴。这些地方一旦出问题，飞机就飞不起来。

美国的飞行员是老飞行员，都飞过几千小时，是经历过第二次世界大战的。我们的飞机都是苏联的米格飞机。在飞行方面，苏联老大哥他们教我们编队，教我们战术。飞行员会按照指挥室的指令，确定敌机的方位和高度。我们中国的飞行员不怕死。美国的飞行员都是抢占制高点，从高处往下打我们的飞机。我们的飞行员看到敌机冲下来，就勇敢地对着敌机往上飞。这时，敌机就怕撞机，立马掉头逃跑。我们有的飞机被敌机打坏了，飞机掉下来，飞行员也牺牲了。牺牲的飞行员由医务人员用白布包起来。有的飞行员比较清醒，会跳伞降落，我们就马上前去救援。对于掉下来的飞机，我们会将发动机拆下。

我在修理厂里当组长。我和另一个战友经常睡在机场里，其他人睡在营房里。我们机场上有飞行员学过夜航。飞机夜晚出航，出问题飞回来后我们要马上检修。如果飞机出了什么事，指挥室会马上打电话给我们，并安排汽车送我们到有问题的飞机旁，进行检修。

因为经常在零下三四十度的夜晚检修飞机，有时从下午 5 点一直修到第二天天亮。我的两条腿都冻坏了，有静脉曲张，后来到医院开刀，共开了 3 刀。现在两条腿走路还是有问题。

曾经有敌机偷袭我们的机场。我们的飞机回来，敌机跟着过来，因为飞得很低，我们的雷达测不到。一开始我们没发现，等敌机发射炮弹，用机枪扫射，我们才知道。等我们的高炮部队准备攻打时，敌机马上拉高升空逃走了。

在部队，我修飞机的技术比较好，修理了不少的苏联飞机。苏联老大哥对我很好，经常夸我。我修飞机认真仔细，不管白天还是黑夜，只要有需要，我随叫随到。有一次，我得了肺炎，带病工作，碰到一架飞机的喷油枪坏了，我反复检查，仔细研究，终于将这喷油枪修好了。如果没修好，换一个喷油枪要花 120 万元（旧币）。我为国家节省了 120 万元，受到了表扬，部队给我们集体记二等功，给我个人记了两个三等功。

我的爱人叫李松沄，也参加过抗美援朝，她是卫生部队的护士长。抗美援朝开始后，她虽然不在前线打仗，但在后方抢救伤员。抗美援朝战争结束后，我从部队转业到了嘉兴。

张英龙口述资料

口述人：张英龙

采访整理人：钱宝良

采访时间：2023 年 9 月 26 日

采访地点：南湖区凤桥镇染店弄

老战士档案

张英龙，男，1930 年 9 月出生，浙江嘉兴人。1951 年 1 月参军，后编入中国人民解放军 21 军 63 师。1953 年入朝。1954 年回国。

我叫张英龙，1930 年 9 月出生。1951 年过了年，我 21 岁，就去当了兵。到部队时正好是元宵节。我先到浙江军区嘉兴军分区的嘉兴东大营，在东大营训练了 3 个月。后来，军分区来东大营招部队的兽医，我报名并考取了。之后，我就到杭州市余杭县第三野战军第七兵团兽医学校接受短期培训，读了一年多，毕业后编入中国人民解放军 21 军 63 师，在兽医股军马诊疗所给马看病。

1953 年，我随部队到朝鲜。部队的马也随着去了朝鲜。马是重要的交通工具，因为在山区，许多物资都需要马来运送。我们去的地方叫朔州。到了那里，我们看到的全是被炸的悲惨景象。我们待的地方不是前线，基本在后方，但我们也去过二线战场。我们和马一起，常住在山上，经常听到炮声和飞机轰炸声。飞机来轰炸，我们就钻进山洞。

1954 年，我回了国。也是在这一年，我退伍了。

陆荣观口述资料

口述人：陆荣观

采访整理人：钱宝良

采访时间：2023 年 10 月 9 日

采访地点：南湖区新丰镇净相村祥湾浜

老战士档案

陆荣观，男，中共党员，1937 年 2 月出生，浙江瑞安人。1951 年 6 月参军，属空军后勤警卫连。1952 年下半年，随部队驻扎在安东凤凰山附近的机场，从事警卫放哨工作。

我叫陆荣观，1937 年 2 月 11 日出生，1951 年 6 月 21 日参军。参军时，先在凤桥石佛寺集中，然后去桐乡濮院。

我在空军后勤的警卫连，主要是为空军服务，负责空军的保卫工作。我们地勤部队属机场地勤兵，是经常流动的，先后到过上海虹桥机场、宁波机场等。

1952 年下半年，我去了安东（现丹东市）凤凰山旁边的机场，机场就在鸭绿江边。我们在那里主要做机场警卫放哨工作。哨位离机场很远，两小时一班。放哨的时候经常带着枪。听说有时也有敌人的特务，但我没遇见过。除了放哨，其他时间我们就在机场。一旦接到打仗命令，我们就把所有的物资和武器藏到山里。有美军飞机飞过来，我们空军在接到警报后立即起飞，在朝鲜空域迎战。战事十分激烈，最激烈的一次，我们机场旁边共跌落 70 余架飞机，敌我双方都有跌落。当时，我们的飞机都是苏联的米格。我在凤凰山旁边的机场共待了两三个月，之后就回到北京阳春机场，又到了杭州笕桥机场。1956 年，我在杭州笕桥机场加入了中国共产党。在部队期间，我曾立过三等功，勋章是朝鲜政府颁发的。

陆德荣口述资料

口述人：陆德荣

采访整理人：钱宝良

采访时间：2023 年 10 月 26 日

采访地点：南湖区常春藤老年医院

老战士档案

　　陆德荣，男，中共党员，1937 年 7 月出生，浙江嘉兴人。1954 年 7 月参军。1956 年 10 月入朝，属志愿军 16 军 47 师。1958 年 4 月回国。

　　1954 年，我 17 周岁，当时正在嘉兴读书。部队到我们江浙一带来招兵，我就参军了。参军后，到了中国人民解放军油料学校，读本科第二期。学校地址在北京永定路。

　　学校对学生的油料专业知识、文化程度要求都较高。在学校里，我们要学习油料的性质、管理、安全使用知识等。凡是汽车、飞机、坦克、军舰用的油料，像汽油、柴油等，都是我们学习的内容。

　　在北京油料学校学习两年后，1956 年，我被分到志愿军 16 军 47 师。我们坐火车，乘了一天一夜，来到朝鲜，具体什么地方叫不出了。到了朝鲜，我在一个师里当油库主任，手下还有一个油料化验员和一个油料保管员。47

师设3个步兵团,一个高炮营,一个野战营,还有侦察连等。每天的用油量较大,有进有出。油库都设在山上,属临时性的。

最难忘的事情是曾经在朝鲜遇到过一只狼。有一天晚上,我一个人从师后勤部回来,翻过一座山,钻过一个山洞,前面又是一座山。我行走在山路上,只听到后面有"嗒嗒嗒"的响声跟着我。我停下来,"嗒嗒嗒"的声音也就没了。等我转身一看,原来是一只狼。我赶紧拔出手枪。这只狼逃得飞快,没等我开枪就看不见了。

我在朝鲜待了两年。1958年,我从朝鲜回来,到了吉林省梅河口镇的16军基地。1962年,我在梅河口加入了中国共产党。1970年8月,我转业到嘉兴。

林阿洪口述资料

口述人：林阿洪

采访整理人：钱宝良

采访时间：2023 年 9 月 26 日

采访地点：南湖区凤桥镇庄史村

<table>
<tr><td>老战士档案</td><td>　林阿洪，男，1933 年 10 月出生，浙江嘉兴人。1949 年 1 月参军。1950 年 10 月报名参加抗美援朝。1951 年 4 月，到新义州参加阻击战。1951 年回国。</td></tr>
</table>

　　我叫林阿洪，16 岁那年参军。当兵后，先到浙江省下三府（杭州府、嘉兴府、湖州府）剿匪。在剿匪期间先后两次立功，分别为二等功、三等功。1950 年，在浙江部队大整编过程中，被分配到桐乡乌镇的东栅，在新兵连担任班长。

　　1950 年 5 月 20 日，我们连里只有我一人被抽调到海军南京联合海校第一分校读书。在南京短暂读书后，又到了大连。10 月，党中央作出了抗美援朝的决定。我们部队每个人都报了名，想参加抗美援朝。如果组织上发你一块白布，就表示组织批准你去朝鲜。等我领到这块白布，才知道它是用来包裹自己的一些信息的，包括自己的姓名、级别、徽章等。这包裹由领导保管，万一去朝鲜后在战斗中牺牲了，就由部队将它寄到家乡。

因为我们属海军，所以是开着小炮艇去朝鲜的。小炮艇都是苏联产的，只能坐30多人，途中加两次油。到了朝鲜不准上岸，只能待在船上。一天一夜出航一次，因为船小油少，每次出航只能续航4小时，开得不是很远。在船上没有打过一次仗。

1951年4月，回到新义州。新义州是朝鲜较大的城市。到新义州那天正好晚上了，准备过夜。睡到晚上10点左右，接到上级命令，每人发一支冲锋枪。当时因战况紧急，大批志愿军正从"三八线"撤退，而美军正在全力追赶。我们部队和其他在新义州的部队负责阻击战，阻止美军前进追赶。上级命令我们哪怕剩下一人，也要阻击美军，不让其越过新义州。

我们选择有利地形，做好阻击准备。在我们的阻击下，美军无法冲过来，于是美军改用飞机轰炸。敌机轰炸时，我们因没有高射机枪，没法把敌机打下来。因此，我们海军的1350人，牺牲1300人，幸存50人，其中还有8名伤员。我能活下来，也算幸运，组织上给我记了二等功。

记得这次战斗从晚上10点一直打到次日凌晨5点，敌人共发起8次冲锋，敌机扔了无数炸弹，我军有很多战士被炸弹炸死了。

打完这次仗，我就回到了山东青岛。

俞加成口述资料

口述人：俞加成

采访整理人：钱宝良

采访时间：2023 年 10 月 17 日

采访地点：南湖区菜花泾

老战士档案

俞加成，男，1932 年 9 月出生，浙江嘉兴人。1951 年 1 月参军。1951 年底，编入空军 2732 部队担任文书，参加抗美援朝。1958 年 8 月复员。

1951 年，我虚岁 20 岁。我当时是初中毕业，算是有文化的人。我父母原是诸暨人，他们早年搬迁到凤桥，后来在曹庄落户扎根。我在曹庄出生，成了嘉兴人。

1951 年 1 月，部队来人，召开群众大会，动员大家参加抗美援朝。我当时就报了名。当时报名参军的青年很多。报名后是体检和政审。有些人身体不好，不能去；有些人政审通不过，也不能去。还有一些人是独生子，或者家里只有一个劳动力，也没有被批准。我们曹庄的新兵有二三十人，就成立了一个大队，我做了大队长。

我们这个新兵大队，先集中到余新学习培训。领导给我们作形势报告，告诉我们要组建空军的地勤部队，到北方去。我们在余新学习和培训了半个月后，开拔到上海闵行的机场。这个机场的规模很大，四周用铁丝网围着。机场的跑道很长，能够降落喷气式飞机。当时机场里有苏联的米格–15战斗机，还有雅克飞机、双翼飞机和十多架其他的战斗机。我们住在机场附近乡下的老百姓家里，继续学习和培训。到了那一年的10月，我们穿上了部队发的军装，明确是空军的地勤兵。

1951年底，我们编入空军2732部队的一个团，来到安东（现丹东市）的大孤山机场。其实初到北方时，上级就要调我去，我们的指导员（这位指导员也是浙江人）不同意，他说："我们连只有一个文书，不能走。"上面就派来了一个文书。后来，上级派来的文书到连队当了兵，我还是当文书。

文书主要负责人事档案工作。我在做好文书工作的同时，兼管连队的宣传工作。一个连里有三个排，每个排有三个班，我都要去采访。采访回来，把每个班里的先进事迹写成稿子，在黑板报上登出来。我的这些工作，使每一件先进事迹都得到表扬，鼓舞了全体战士的革命干劲。上级领导看到我出的黑板报，字与画都漂亮，字写得比人家的好，画画也很好，要调我到团里去。

后来，上级把我调到团部机务处，负责统计飞机的飞行和保养等数据。

当时的飞机全部是苏联供应的，说明书全是俄文，我一点也看不懂。每架飞机执行飞行任务达到一定小时必须保养，因为一架飞机飞行后，它的零件就会有不同程度的损耗，有些零件必须替换。即使没有飞行任务，也规定一个礼拜要保养一次。战斗中负伤的飞机经修理后要试飞达到一定的时间，正常了才可以再执行任务。所有这些事务，都要在报表上填写好，交保密室。那些报表里的文字也全都是俄文，我就向保密室里的负责人请教。保密室里的负责人去问苏联的专家，问了以后再告诉我。我就这样根据工作需要自学俄文。我的学法主要靠硬记。通过硬记的办法，弄懂常用俄文的意思和用法。

那时年纪轻，记性好，硬记真是起到了重要的作用。我在制作飞机的飞行和保养报表时，要看懂飞机内部的操纵杆、发射器等主要零部件名称的俄文。我就从一个个字母开始自学俄文。有些字母实在难记，我就用中文注上读音和意思。

做这些机务工作，对飞行原理与飞行情况都要有所了解。我们虽然是地勤兵，但是我们的飞行知识跟飞行员是一样的，就是没有驾驶飞机上天。

我负责的机务工作也非常重要。哪架飞机飞了多少时间（机件老了要少飞）、哪架飞机要保养、哪架飞机要修理以及修理好后又要保养多少时间，等等，都要在报表上写得清清楚楚，不能有半点差错。飞机保养到什么程度才可以继续飞，都由我们机务人员说了算。可以说，飞机的安全掌握在我们手里，我们责任重大。

我还要帮助新飞行员制订飞行训练计划。新来的飞行员，先要训练上去（起飞）和下来（降落）。这些基本功过关了，再进行战斗科目的训练。特别是飞行的特技动作也要训练，如：怎样让飞机像火箭一样冲上去（垂直升空），攻击敌机时怎样俯冲下来，敌机来了怎样避开、怎样作战，等等。比方说，敌机在你右边高出很多时，你如果是长机，就要把自己的飞机拉高，抢占有利位置；你如果是僚机，要紧随长机后面，做好保护。空战时，敌我双方都要抢占制高点。居高临下，俯冲速度快，打起来才有利。所以交战双方的飞机越飞越高，高到地上的人肉眼都看不见。

机场的机械师要保证飞机的出勤率。我们机务组管飞机的性能，保证每一架飞机都能按时出勤执行任务。我负责飞机的保养，大保养、小保养，都要在报表上正确地反映出来。每张报表的数据都不能出现任何差错。我认真负责，地勤工作做得好，得到上级表扬，上级还安排我到南京军区去介绍经验。

我在正式入列之前，就听到很多志愿军痛打美国侵略者的故事。

起初，美军非常骄傲，看不起我们，他们的飞机经常飞到我国安东（现丹东市）一带轰炸。

那时，我们的雷达设在朝鲜的深山沟，敌机一出动，我们马上知道，就充分做好战斗准备。在 1951 年的一场空战中，我军的飞行员王海，就把美国的王牌飞行员打了下来，大长了我们的志气，大灭了敌人的威风。

在地面战中，我们也知道敌人的武器先进，实力很强。但他们的士兵很娇贵，打阵地战时，他们在地上铺好了地毯，再伏在地毯上开火。敌人自以为武器先进，用的是自动机枪，白天没有目标地"哒哒哒"开枪，打一阵，又停一阵，我们都能摸到敌人打枪的规律。我们志愿军，为了保家卫国，为了支援朝鲜人民，吃苦耐劳，奋不顾身，硬打死战。我们大多是夜战。白天，我们掩护在柴窠里。朝鲜的灌木丛多，野草长得很高，埋伏在草丛里，敌人不知道，但我们已经包围住敌人。天黑之后，我们的战士先悄悄地摸过去，弄掉敌人的哨兵，再冲进敌人营房，用机枪扫射，大量地杀伤敌人。美国人说我们的夜战"不正规"，纷纷提出"抗议"，要求白天打。打仗，打赢是最大目标，我们当然不会听他们的，我们打我们的，仍然发挥我们善于夜战的优势。

有一段时间，我和一位飞行员睡在一起。那位飞行员因身体条件不适合飞行，也做地勤工作。他经常跟我说起空战的情况。他说飞机一到天空，一下子就飞出很远，前后左右一片白茫茫，感觉糊里糊涂的。但是发现敌机后，精神马上振作起来，操纵杆一拉，使自己的飞机飞到有利位置，操纵杆上的盖子揭开，瞄准敌机，大拇指一按，炮弹就出膛射向敌机。这时，飞机上的照相机就自动拍下发射瞬间以及射中还是没射中的照片。

我们团的团长、空战英雄鲁珉，介绍过他一炮打下两架 F-86 敌机的故事。

在那场空战中，两架 F-86 敌机，一架长机、一架僚机，一前一后，耀武扬威地飞着。鲁团长一拉操纵杆，使自己的飞机飞到有利位置，调整好俯冲射击的角度。当两架敌机正好处在射程的一条线上时，鲁团长瞄准后，大拇指一按，炮弹出膛，一炮打中了敌机的长机后又打中了敌机的僚机。这真是太神太厉害了。鲁团长成了战斗英雄。我们听了他的战斗故事，都觉得扬眉吐气，非常高兴。

那场空战后，美国侵略者狂轰滥炸，把我们在朝鲜的机场全部炸毁。我们就在鸭绿江边我国一方重建了几个临时机场。后来还在沈阳、大浦、大孤山等地建了临时机场。为了不让敌人摸到我们的机场位置等军事秘密，我们打几仗就要换一个机场。那些临时机场的跑道来不及用水泥浇成的，是用钢板铺成的，飞机停下来时，在钢板跑道上发出"哗哗啵啵""噼噼啪啪"的响声。

我们的机场有时也遭到敌机偷袭。有一天晚上，敌机飞来时，机场四周的信号弹东一个西一个，接二连三升起来。那是埋伏在我们机场周围的特务发射的。我问熟悉情况的战士："特务那么多？"他回答说："有的是自动发射的信号弹。"

当时空战频繁。每次空战往往要持续较长的时间。第一批战机与敌机交战后，在机油耗尽前，必须派第二批战机前往接班参战，让先参战的飞机飞回来休整。有一次，苏联地勤指挥没有及时派战机升空进入战区接应，结果我们前一批参战的飞机不得已返回时（不返回不行，飞机没油了会掉下去），敌机追踪而来，发现了我们的新机场，双方就在机场上空大战。当时农田里的高粱成熟了，敌机贴地掠飞，机翼把大片高粱拦腰削断。我们地勤人员在机场旁边的山头观战。这一场空战，美机被打下两三架，有一架被击中后逃出了空战圈，不知道是否坠毁。我方的战机也被打落了两架。

还有一次，一架敌机避开我们的雷达，在海面上超低空飞来偷袭。敌机快飞到我们机场时才拔高机头，用机枪扫射，打得钢板跑道"当当当"响。

我们的高射炮立即开火。敌机在二三十米的空中狼狈逃窜。敌机在我头顶飞过时，飞行员的面孔，我看得清清楚楚。如果当时我手里有步枪，说不定可以打中。

后来，敌我双方一边打一边谈判。打打停停，打打谈谈，可能谈了十几次。最后，美国人不得不在停战协定上签字。

在抗美援朝战争中，我们师打掉敌机 60 多架。1953 年停战后，我们师被评为先进部队，受到上级嘉奖。

祝家伟口述资料

口述人：祝家伟

采访整理人：翁洪彬

采访时间：2023 年 10 月 31 日

采访地点：南湖区泾水公寓

老战士档案

　　祝家伟，男，中共党员，1934 年 8 月出生，浙江海宁人。1951 年 7 月参军。1952 年 6 月入朝，在志愿军坦克 4 团 2 连担任文化教员。1954 年 5 月回国。

　　我是 1951 年当兵的，当时 17 岁，在杭州读高一。中央发布抗美援朝号召时，我报名参军，先到江苏徐州干校集训，半年后到了南京，参加军事学院高干训练班。当时有摩托连、汽车营、坦克营等，我学的是坦克，在坦克独立师营当坦克兵。这个营的任务主要是为其他部队训练当演习部队（现叫蓝军）。

　　在南京待了半年多，我又调到了徐州坦克 2 师。解放战争时，徐州坦克 2 师中有不少从国民党解放过来的兵。这些兵有两种情况：一种是合格的，可以到朝鲜去；一种是不合格的，不能到朝鲜去。所以，坦克 2 师缺人，这就要从其他部队调。我、指导员和一个参谋就被抽调去了。实际上，坦克

2 师准备抗美援朝已经一年多了，我们到了后就直接开拔去朝鲜了。当时，我是新兵，也算小知识分子，上面给了一个正班级。

我们去朝鲜属于第二批，是去轮换第一批坦克部队的。第一批去朝鲜的有坦克 1 师和我们坦克 2 师的 3 团。第二批是东北的坦克 3 师和我们坦克 2 师的 4 团。第一批坦克部队当时主要是配合 38 军作战，但上级要求不能丢一辆坦克，38 军本身火力较强，所以 38 军最终没有用我们坦克部队，3 团也没有去前线打过仗。不过，第一批坦克师团到朝鲜时条件是比较艰苦的，不仅什么都没有，还要面对美军的时刻轰炸。我们去的时候好多了，防空洞等设施都有了。我们接防后不久，38 军调走了。我们主要是配合 23 军，我们坦克部队有时也要上前线打仗。

我们的驻防地在朝鲜的中线铁原。虽然有防空洞，一个坦克有一个掩体，但当地特务特别多。看到飞机来了，特务就放信号弹，把我们的位置暴露给美军。美国的飞机天天来轰炸。有一次，美国飞机走后，我们看到我们住的地方，有一棵很大的树，在轰炸中移了一米，而且树干断掉了。还好，我们连没有战友牺牲。我们部队驻防属于二线，离前线还有一段路，要挖交通壕，如果打仗，就要前进运动。

我们坦克连多次参加战斗，最著名的一次是石岘洞北山战斗。我们坦克 4 团 215 号坦克在支援步兵的作战行动中，先后击毁敌坦克 5 辆、地堡 28 个、重机枪掩体 8 个、迫击炮 9 门，全体荣立集体特等功。这辆 215 号坦克现在存放在北京军事博物馆（中国人民革命军事博物馆）。我们 215 号坦克车长杨阿如（坦克 4 团 2 连 2 排排长）荣立一等功，被授予"二级英雄"称号，并荣获朝鲜民主主义人民共和国二级自由独立勋章。

我参加了这一次战斗。我本来是进攻组的，团里有一个通信排，但排里没有一个通信员到过前线，地形不熟，团里问我熟不熟悉，我说熟悉，这样就把我抽调到通信连。我当了传令兵。指挥所一般在后面，坦克部队在前线，通常情况下是采用无线电通信。但有一种情况不行，要靠人徒步通信，这就是大战前的无线电静默。这个时候，我就起作用了。战斗前，我接到指令："晚上8点正式打响，之前保持无线电静默。"我快速来到前线阵地，连队副指导员见到我，问："小祝怎么来了？快下去。"我说："我有命令，处长讲了，晚上8点钟以前禁止无线电通信，不能开机。"这一次，我个人立了三等功。

1953年7月以后，我们部队回到铁原。1954年，我回了国。1961年，我加入了中国共产党。1982年，我服从安排，转业到嘉兴民丰造纸厂工作。

夏旭口述资料

口述人：夏旭

采访整理人：翁洪彬

采访时间：2023 年 10 月 27 日

采访地点：南湖区城南路二弄汽钢宿舍

老战士档案

夏旭，男，1933 年 3 月出生，浙江奉化人。1950 年 3 月参军。1950 年 11 月入朝，在志愿军第九兵团 20 军卫生队。1952 年回国。

我是宁波奉化人。1950 年 3 月，我在上海嘉定当兵。为什么是在上海参军呢？因为我有一个当兵的叔叔，有文化，那会已经当了指导员。我就到上海去找他，结果在部队没有找到。当时到上海当兵的人很多，部队问我来做什么，我说想当兵，就把我留下来了，让我参加了文工团。后又因为我不喜欢唱歌跳舞，让我当了卫生员。我在嘉定参加了卫生培训班。

1950 年 6 月，朝鲜战争爆发。后来直接就把我们拉到朝鲜去了。我们是乘火车去的，没有火车的地方就靠脚板"叭叭"走路。我分到了 20 军下面的一个炮团卫生队，当时我还小，只有 17 岁。我记得是从安东（现丹东市）过去的。

到了朝鲜后，我们的炮团实际上是一个培训单位，不是直接打仗的。炮团卫生队有100多人，队长是女的，卫生队有医生、护士和担架队等。住的是防空洞，一个挨着一个，大的地方作为医院救治伤员，一打仗就有伤员送过来。轻伤的、1个月能治好的就送到我们这里，治好了返回部队；重伤的，送到后方医院。前线打仗激烈，伤员就多。有的重伤员一送来就死掉了，一般是就地掩埋，但这种情况比较少。当时条件很苦，没有什么药，但每个人都能领到一个急救包。

在卫生队，战友对我比较照顾，喊我"小鬼"。部队出操，我有时还没睡醒，指导员就轻轻推我——"小鬼，出操了"。朝鲜战争第五次战役打得很激烈，我们部队参加了。打仗时，医生、护士都到前线去，因为我小，大家没叫我去，让我留下看背包。在前线，我们卫生队战友没有牺牲的。就是有一次，美军飞机来轰炸，刚好落在一个住人的防空洞上。整个防空洞都被炸塌了，里面有一个担架班，十余人全部牺牲了，让人痛惜。

当时美军飞机比较先进，技术也相当高，这个不可否认。他们的飞机飞得很低，在山中间钻来钻去，扔炸弹，用机枪扫射地面。美军飞机一来，营卫生所军医就拉着我往山上跑，下面是山沟，沟里都是水，山上有树便于隐蔽。有一次，我们跑的时候，一个军医吃的豆瓣酱掉了，想回去捡，大家就喊"你不要命了！……"当时苦，没有什么吃的，豆瓣酱也很珍贵。现在，我们中国飞机也先进了。

美军飞机来主要是炸路、桥，进行封锁。我们行军时，一般都是选择晚上走，公路是不能走的。有时，我们只能扒着悬崖边走，要非常小心，下面是深沟，掉下去就没命了。为了相互有个照应，我们想了两种办法：一是大家拉一根绳，防止掉队；二是手臂上缠白毛巾，便于晚上看见队友。

当时，苦得不得了。有时三天不吃饭，许多战士腿都肿了，属营养不良。

后来，部队发了些"糠团团"。有一次，我们好长时间没有饭吃了，看到一个部队在烧饭，我们就也上去一起挖着吃，大家都是志愿军，当时也没有阻拦的。那会有饭吃就不错了，哪有什么小菜。那时天也冷，有部队战士冻死了，还拿着枪。当时我们好像对死没有概念。

我立了一次三等功。主要是我技术好，打静脉针，别人打不进去，我一插就进去了。战斗激烈时，伤员特别多，一批出去，一批进来，换药、包扎……三天三夜不睡觉，根本没有时间吃饭，有时马马虎虎吃点。

后来大家照顾我岁数小，让我先回国。我大约是 1952 年回国的。1969年 5 月 19 日，我转业到嘉兴汽车钢铁厂卫生室当医生，一直做到退休。

夏传泱口述资料

口述人：夏传泱

采访整理人：钱宝良

采访时间：2023 年 11 月 8 日

采访地点：南湖区枫杨社区天竹坊

老战士档案

夏传泱，男，中共党员，1931 年 7 月出生，浙江宁波人。1951 年 3 月参军，在华中军区装甲兵技术部担任保管员。1957 年 4 月复员。

我出生于宁波，16 岁的时候出来做学徒。1951 年，我在南京的堂兄弟问我要不要参军，我响应毛主席的号召，就报名参军了。我所在的部队是华中军区装甲部队。

我在装甲兵技术部是一名保管员，负责保管材料。当时，东北 1 师、华中 1 师算是两个王牌师，是专门配备苏联坦克的。

我们的装甲兵技术部在江苏徐州，属于后勤部队，主要是修理坦克。要修理的坦克都是从朝鲜战场用火车运回来的，有苏联产的，也有美国产的。苏联产的都是烧柴油的，是重型坦克；美国产的都是烧汽油的，比较灵活，属轻型坦克。运来的坦克，能修好就尽量修，损坏比较严重的只能送钢铁厂回炉。

在徐州几年后，我们技术部随部队从华中军区调到广州军区。我在技术部还是担任材料保管员。我在部队加入中国共产党，一辈子在党的培养下成长。

我们华中军区的装甲部队也有去朝鲜直接参战的，许多都是会开坦克的，但当时都是保密的，具体情况不太清楚。

我是在 1957 年从广州复员到嘉兴的。

到了嘉兴，我被分配到嘉兴铁工厂——后来变成嘉兴冶金厂。我在嘉兴冶金厂一直干到退休。

钱妙舟口述资料

口述人：钱妙舟

采访整理人：钱宝良

采访时间：2023 年 10 月 17 日

采访地点：南湖区解放街道凌塘路华美小区

老战士档案

　　钱妙舟，男，1932 年 3 月出生，浙江宁波人。1949 年 5 月参军。1951 年，到华东防空司令部探照灯指挥室工作。1952 年 5 月入朝。1954 年 2 月回国。

　　我是 1949 年参军的。参军后，我在华东军政大学学习，8 个月的预科学习刚结束，进入军事本科学习时，国际国内的形势发生了很大变化。我和 10 多名学员被分配去刚成立的南京华东防空司令部探照灯指挥室工作。南京防司领导又从上海请来了苏联军事顾问给我们讲课。之后，南京防司探照灯指挥室室长又带领全室人员（约 20 人）去上海防司学习。

　　1952 年 5 月初，驻南京下关的上海探照灯 7 连奉命入朝参战，并获得"探照灯独立连"称号。与此同时，要求南京防司探照灯室派出两名参谋和标图 1 班与独立连同去朝鲜参战，此时我已是标图 1 班副班长。

　　1952 年 5 月 25 日，我随部队到达安东（现丹东市），看到与朝鲜相通的大桥已被美机炸断。6 月 1 日，由志愿军司令部派来一位参谋，带领我们从另一条道进入朝鲜，中午时到达清川江大桥附近。

此时上级来电，两名参谋与 1 班班长及三名标图员去营部报到，我和其余标图员留在独立连指挥室工作。最后连长决定，由我负责指挥室的日常工作管理和战前的准备。连部和指挥室安排在一个小村庄内，但指挥室设在与村庄相近的山脚下的民房内。

当地朝鲜村民对我们说，美军飞机白天或晚上 9 点前经常来轰炸，大桥被炸坏好几次，有时修好后又被炸，损失严重。

入朝 1 个多月后，连队的战绩还不错，但美军飞机的轰炸由定时改为不定时。此后还加了电磁波干扰机。这种飞机飞得高，不进入防区。他们用电磁波干扰我们的雷达，还会散发小块的金属片，慢慢地从高空飘落下来，影响我们雷达锁定目标。不仅如此，有的敌机进入防区后看到灯光，向灯站投弹，弹片横飞。连部接到灯站有人受伤的报告后，急速派人去抢救，再将伤员送回国内医院救治。此后，连队接连遇到这种情况，作战情绪受到了影响，战绩下滑。几周后，上级下令去守卫定州大桥。敌人的轰炸机经常白天来投弹，晚上来得少。我们的探照灯发挥不了作用。2 个月后，又命令我连去守卫大同江顺川大桥。

出发时，天空飘着雪花，公路上已见积雪。朝鲜已进入寒冬季节。好在我们灯站都有两辆车，一辆拖探照灯，另一辆拉柴油机、灯站人员。物资都放在车上，不影响行军。那天下午 3 点多，我们已到达顺川大桥附近。到达后，立即去各阵地布防。连部的几辆车，向联系过的村庄驶去，去看美军撤走时留下的房子是什么样的。到达后，见房子里仍有村民没有搬走，村民自己的住房，已因战争毁了，他们暂时住在这里，不想搬出去，也无地方可去。我们说："来保卫大桥也是暂住的，请大家谅解。"正在与村民说话时，两名村干部进来了，村委员长对村民说，他已安排好一处地方，让村民搬过去，村民就都跟他走了，如此问题也就解决了。这间房成为我连指挥室，也是寝室。

当晚 10 点，美军的飞机又来了，飞得很高，但未对大桥投弹，绕了两圈又飞走了。此后，白天仍来投弹，夜间投弹次数稍少些。也因我们抢修及时，基本能保证大桥畅通。

1953 年，又命我连去守卫清川江大桥。这次连指挥室设在山顶上，我们几个人住在山脚下的人民军军属家里，直到我们回国。

还记得朝鲜停战协定生效前的那天晚上，我们仍进入指挥室值班。和往常一样，灯站也在值班。直到第二天早上 3 点，未听到情报站，也未检测到敌机活动情况的报道。到了早上 5 点，大家有说有笑地下班了，希望好日子来临。但是我们仍然保持警惕，以防美军不遵守停战协定，所以短期内仍要到山顶上值班。

探照灯独立连作战一年多时间，配合空军和高射炮共击伤击落美机 110余架次。其中一架敌机在清川江大桥投弹后，被我们的灯光照到，想立即降低飞行高度、钻山沟逃跑，结果撞向山顶，机毁人亡。此事发生在停战协定签订前的 3 个月左右。

1954 年 2 月，独立连奉命回国，我也跟着回了国。

徐三光口述资料

口述人：徐三光

采访整理人：翁洪彬

采访时间：2023 年 10 月 20 日

采访地点：南湖区新嘉街道栅堰小区

> 老战士档案
>
> 徐三光，男，中共党员，1933 年 10 月出生，浙江杭州人。1949 年 10 月参军。1953 年 7 月入朝。1954 年回国。

1949 年 5 月，浙江江山解放。那会我正读初中三年级，几个同学看到《解放日报》刊登中国人民解放军第三野战军特种兵纵队特科学校招生的消息。9 月，我们几个同学经过商量就一起乘火车到了上海，准备参军。招生的地方就设在上海兆丰公园（现中山公园）内。本来是要考试的，但是招生办领导看到我们的身体和文化情况都很好，只问了几个问题，就录取了我们，然后给我们每人发了军装、帽子和被褥等。我们这就算在上海参军了！

1949 年 10 月 1 日，招办派干部送我们去南京汤山特科学校学习培训。在特校，我们主要学政治、学马列主义、学队列操练，树立正确的革命思想与革命人生观，去除小资产阶级思想。学了一个月后，部队就把我们分到了南京汤山东营房的榴炮 13 团观通队当观测兵（后叫侦察兵）。

1950 年 3 月，我从团观通队分配到 3 营 7 连观测班任观测员，其间参加了舟山群岛战役。5 月，舟山群岛全部解放后，部队撤往绍兴短暂休息。6 月上旬，部队奉命开赴福建厦门前线。12 月初，部队又接上级命令，从福建迅速回上海南翔镇集结待命，准备抗美援朝。到上海南翔镇后，部队立即做入朝作战准备。每个人都主动写了要求入朝作战的申请书，把个人多余物品打包储存，交后勤保存。我们还把部队发的解放军帽徽、水壶上的"八一"字样等用刀刮掉，准备以志愿军身份入朝作战。就在部队进行入朝作战准备还不到一个星期，上级又命令我们迅速赶赴福建。取得厦门战役的胜利后，我们驻扎在了当地。

之后，部队又接到去朝鲜与福建驻地友军交装的命令。交装后要帮助接装友军训练，使友军在短期内能掌握装备的正确使用方法。1953 年 3 月，我们顺利地把装备交给了友军，每人只留一支步兵轻武器随身携带，保卫自身安全。6 月初，我们长途步行到江西上饶火车站，准备搭乘铁皮货运棚车去朝鲜前线作战。6 月底前，部队即乘铁皮货运列车到安东（现丹东市）火车站准备过鸭绿江到朝鲜。这次，部队在夜间顺利地安全到达朝鲜首都平壤。过江时正值深夜，我军保护鸭绿江大桥的防空部队戒备都很森严。空军部队不断在鸭绿江大桥上空巡逻，敌机不敢靠近，使我们的列车顺利到达前线目的地，接收了友军部队交给我们的火炮、弹药与观测器材等装备。

当时，美国军队武装到了极限，我们没有制空权，我们的部队行军调动都是在晚上。1953 年 7 月的一天晚上，由于行军路上部队人很多，发生了大堵车，大家都有任务，都想先走。我们排的车就停在那里，当时对车辆有规定，所有汽车听到防空枪声后都不准开灯。结果，朝鲜人民军有一辆空车从战场回来，开着大灯，行驶中把美国轰炸机引来了，敌机投下的 2 枚炸弹就在我们车边爆炸了。当时我个子小，坐在卡车后面背包上，一摸自己全身都是血，但没有感觉到痛的地方。再摸摸其他战友，许多战友头部都是血，伤得非常重。这时，坐在驾驶室的排长挨个喊名字，就我一个人答"到"，一个排就剩排长和我。我们就喊"卫生员快来"，团卫生员来了看到后都惊到了。营里其他人和我们一起把牺牲的战友从车上一个个扛下来放在地上。这时，营长命令我们赶紧走，后事由后勤处理。一个观察排大部分战友就这样牺牲了。我们兄弟部队11团、12团入朝作战的时间虽长，也没有遇到这么惨烈的牺牲。这次遭敌机轰炸，排里的伤亡真够大的。牺牲的战友们安息吧！我们会永远铭记着你们的。

我们部队参加的最大的也是最后一场战役是金城战役。这场战役是志愿军第二十兵团组织指挥的。我们营有12门炮参加炮群作战，从7月13日起一直打到7月27日停战。从祖国进到朝鲜再等到谈判停战，有1个多月。后来，我们又待了1年多，每天都在打坑道、修筑工事备战，防止美军反攻。

1954年，我从朝鲜回国。1956年，我加入中国共产党。1963年，我转业到地方。

徐中威口述资料

口述人：徐中威

采访整理人：钱宝良

采访时间：2023 年 11 月 10 日

采访地点：南湖区湘家荡大道 2369 号

老战士档案

徐中威，男，1931 年 6 月出生，上海人。1950 年 10 月参军，后随部队入朝，属志愿军 63 军 187 师 561 团。1952 年回国。

我于 1950 年在上海当兵。我所在的部队是 63 军 187 师 561 团。我在团部做文化教员，因为我初中毕业，在当时也算有文化的。

当兵后，我先是在江苏徐州参加培训，培训半个月后准备入朝。入朝前，部队给每个人发一条被子、两身军装，还有一个装了米粉的口袋。我们从徐州乘火车到安东（现丹东市），又乘汽车，然后跨过鸭绿江。

到了朝鲜，我们一直行军，没有固定的住所。行军过程中，我们看到当时的朝鲜已经被美军炸得一塌糊涂。行军都是在晚上，白天就在没被炸毁的房子屋檐下或防空洞里睡觉。有些防空洞里放了许多志愿军的尸体。我们就在地上铺一些稻草，睡在上面。虽然有些害怕，但因为疲劳，也睡得很熟。

美军的飞机都飞得很低。为了安全，我们常沿着山的边缘行军，不走大路。一个晚上走得快的时候要走 100 多里路。行军时，我们也会看到朝鲜的百姓。

我们行军穿的是棉皮鞋，里面有绒毛，衣服就是一身棉衣。我是文化教员，不背枪，其他战士都背枪。团部首长叫我负责管理炊事班、马夫、警卫员等。但我说，我要下去，到一线参加战斗。

我们 63 军专门穿插到敌人的后面去。我们一直走，走到南朝鲜（韩国）。到了汉江，我们把衣服脱掉，蹚着江水走过汉江。汉江不深，最深处也能站立。江水冰冷，加上敌机的轰炸，有一些战士死在江中，这些牺牲的战士的尸体都被江水冲走。过江的战士也大多受冻感冒了。面对敌人的狂轰滥炸，我们没办法，因为我们手上只有一些步枪、冲锋枪、手榴弹等。

我们的任务就是穿过汉江，抄敌人的后路。到了南朝鲜，一个美军都没有看见，老百姓也没有，敌人都逃到军舰上去了。

汽车把我们接到"三八线"北侧。我们在这个山头，敌人在那个山头，相互对峙。在那里，我们用铁锹、锤子挖防空洞。许多山都被我们挖空了。

1952 年，我回国了。

徐昌鑑口述资料

口述人：徐昌鑑

采访整理人：翁洪彬

采访时间：2017 年 10 月 31 日（2023 年 11 月 21 日重新整理）

采访地点：秀洲区百墅路百墅花园

老战士档案　　徐昌鑑，男，中共党员，1935 年 2 月出生，浙江嘉兴人。1949 年 6 月参军，后编入中国人民解放军 23 军 69 师文工队。1952 年 9 月入朝，属志愿军 23 军 69 师。1953 年 7 月，调至中央警卫团文工队工作。

　　解放前，我家里人是做医生的。1949 年，嘉兴解放了。23 军政委卢胜和他的警卫班战士和我家同住在一个大院，警卫班的战士经常和我一起玩，还给我讲一些革命的道理，并动员我参军。在他们的鼓励下，我于 1949 年 6 月 10 日毅然报名参了军。当时，我年纪很小，只有虚岁 15 岁。那时的老百姓因目睹了国民党兵的胡作非为，对当兵是有看法的，所谓"好铁不打钉，好男不当兵"。但是，我觉得当兵好，当解放军光荣！由于我进步向上，态度坚决，被破例批准，来到了部队。起初，我被分配在民运部工作队，记得当时发给我一套小号军装，我穿在身上晃晃荡荡的，上衣一直垂到膝盖。在民运部待了半个月后，工作队要下乡搞土改，我年龄太小，什么也不懂，领导让我到嘉兴东大营教导大队文训班去学习。1950年初，我从教导大队文训队结业，被分配至军文工团工作。1951年春，部队整编，军文工团解散，我被分配到69师文工队工作。

1952年9月，23军接到了入朝参战的命令。当时69师驻军苏州。在参战动员中，我由于态度坚决，被编入了纠察队。临走的前一天，我们把多余的东西寄回家，几个要好的战友到苏州城里的小吃店转了一圈，每种小吃都尝了些。我们入朝乘的是货运火车，每一节车厢里都放了一个便桶。我是纠察队的，负责车厢的安全，管理车门。火车到了安东（现丹东市），已经很晚了，我们在老百姓家住了一个晚上。第二天，我们随着大部队高唱"雄赳赳，气昂昂，跨过鸭绿江！保和平，卫祖国，就是保家乡……"的志愿军战歌，跨过鸭绿江，到达新义州。一踏上朝鲜的土地，看到到处是被炸后的残墙，有的地方还在燃烧冒烟，一片战火纷飞的残酷景象。入朝后，在行军中，我们文工队都下连了，我和崔永久、罗士杰等同志一起，背了40多斤东西，除了完成行军任务，还要担负起部队的宣传鼓动工作。行军中，部队休息了，我们就为他们开展文娱活动，指挥他们唱歌，念快板、唱小调给他们听；部队出发了，我们又要紧紧跟上。到了宿营地，我们还要到班里去了解行军中的好人好事，及时编成快板在连队里宣传。我们冒着被敌人的飞机、炮火轰炸的风险，有时冒着被大雷雨袭击的风险，连续急行军，跑步通过封锁线。有几次到了宿营地，没有防空洞住，只好在雨里淋着，棉衣湿透结了冰，脸都冻得发紫了，就在路边打个盹，吃块压缩饼干充饥。有时，人疲劳得在行走时都会睡着，直到碰到东西摔醒后再继续赶路。在这样的艰苦环境中，我们和战士们一样，士气很高，毫不动摇，毫无怨言。女同志由于走不动路，为了减轻负担，一路上把不需要的东西都丢了。这样，经过千里行军，终于到达了驻地。当时，我们住在用松木和泥土搭起来的防空洞里，外面下大雨，里面漏水。尽管这样，我们也已经很满足了，因为可以美美地睡上一觉了。到了驻地，稍事休息，我就迫不及待地打开小提琴想拉一下，因为已经近半个月没有摸过琴了。可是打开琴盖一看，我惊呆了。由于一路上的摔跤折腾，小提琴已成碎片，我急得差一点哭了。小提琴就是我的武器，千里行军路上没有保管好它，我既心疼又着急，马上报告了队长。

那时，美军的飞机经常在驻地上空盘旋轰炸。有一次，我们暴露了，引来机群的狂轰滥炸。那些飞机俯冲下来，我们连驾驶员的面孔都看得清清楚楚。我当时拿了一支步枪趴在地上瞄准飞机的机舱开枪。忽然，一个黑球滚了下来，在我的身边爆炸了，炸得我满身都是泥土和石块，幸好我的位置刚好在抛物线的空档，才没有被击中。我当时感到情况不妙，飞快地离开了现场。还有一次，上海警备区一位师长调到我军当军参谋长，当时为了保证首长安全，我们晚上都搬进坑道住。当天晚上，我们遭到了美军轰炸机的轰炸，那位参谋长不幸遇难。再有一次，我们下部队去演出，在通过敌人的炮火封锁线时，遭到敌人炮弹的袭击，战友赵思良、刘先德不幸遇难。在前一天晚上，我们还看过赵思良的全家福照片，他还对我们说："等朝鲜战争结束后回国，我的孩子不知有多大了？"可是就在第二天晚上，他就永远离开了我们。这就是战争的残酷。当时由于我们在封锁线路段行进，大家根本不能停留，只好默默地带着满腔仇恨和悲伤，迅速离开现场，继续赶路，由后勤部队来处理后事。

后来，我接到了军部将我调回军文工团的命令。我一到军文工团的驻地古南佐里，就投入了紧张的节目排练。在准备演出的工作中，我发现唱单弦的同志很多，但没有八角鼓。我就与邬大为同志一起研究，就地取材，用罐头盒试做成功，一共做了10多个，每个小组都能分到一个，克服了道具不足的困难。八角鼓很漂亮，使用起来效果也不错。当时，中国人民赴朝慰问团的评弹演员唐耿良看了后，对我们的勤俭节约和创新创造精神大加赞赏。后来，这些八角鼓被送去抗美援朝纪念馆展出。

演出准备工作结束后，我们就分成小型演出队，代表军首长进行慰问演出。那时候天气很冷，气温在零下20多度，演出节目有十五六个，要演两个多钟头，有时在广场演出，手冻僵了，两臂也麻木了，还是照常演出。整台节目，除了山东快书，都由郑耀和我配乐。我除了配乐，还学会了说相声、快书等。在第一次前线慰问时，潘树香唱得嗓子哑了，我就在三天内突击出来，参加了演出。除了演出，我们还举办学习班，培训战士中的文艺骨干。我负责教乐理、口琴和二胡三门课。

在朝鲜停战前夕，为了迫使以美国为首的"联合国军"在停战协定上签字，我军全线组织了强大的全面进攻。我们文工团抽调6名同志去最前线，我分在67师阵地，进行战地火线慰问。我们都是一个坑道接一个坑道地巡回，为战士唱歌、表演节目，进行战地动员，很受战士们欢迎。在坚守石岘洞战斗中，我还根据当时的情况，创作了坚决守住石岘洞的歌曲，以鼓舞士气。在战地慰问中，我为战士们演出了《送粮弹》《蓄洪区》《邱少云》《太平歌词小段》《潘天炎》《山东快书小段》《小出击》等。在前线慰问演出中，文工团有两名同志在战地服务中牺牲了。

1953年7月27日，也就是朝鲜停战的当天，我接到了去志愿军总政治部报到的命令。当天停战时间是北京时间晚上9点，也就是朝鲜时间晚上10点。可是就在9点55分，敌人的炮兵校正机（就是为炮兵校正目标的飞机）还在我们阵地上空盘旋。当时，敌人很残忍、狡猾。我很气愤，在阵地的战壕里来回奔跑。我们的高炮部队还用高射机枪向炮兵校正机射击。站在一旁的营教导员着急地喊我回坑道。第二天一早，营里派了一辆卡车，将我送去志愿军政治部报到。沿途朝鲜老百姓见到我们，都用白毛巾挥手致意，欢呼朝鲜停战。到了志愿军总政治部，我才知道，我和另一位女同志一起，被上调至中央警卫团文工队工作。

1955 年中秋节，我复员回到地方，一直在嘉兴工作。1964 年，我加入了中国共产党。1996 年，我离休了。

盛阿明口述资料

口述人：盛阿明

采访整理人：钱宝良

采访时间：2023 年 10 月 26 日

采访地点：南湖区新嘉街道翠园公寓

老战士档案

　　盛阿明，男，中共党员，1927 年 2 月出生，浙江绍兴人。1951 年 1 月参军，后到中国人民解放军 21 军 61 师 122 营 4 连 9 班。1953 年 3 月入朝，属志愿军 21 军 61 师。1956 年回国。

　　1951 年，我在浙江绍兴参军，一开始是在绍兴第六独立营，属地方部队。不久，就到了野战部队，具体是在 21 军 61 师 122 营 4 连 9 班，我担任副班长。

　　1953 年 3 月上中旬，我们越过鸭绿江奔赴朝鲜。在朝鲜，我们部队所在的山头是 99.2 米高，对面敌人所在的山头是 99.5 米高，仅仅相差 0.3 米。双方面对面守着，都有"神枪手"瞄准对方，如果出壕沟就可能被敌人打死。

　　壕沟是用来防空、用来隐藏的，防止敌机轰炸。有一次，一个战士要大便，我们都叫他在壕沟里挖个洞解决一下，他怕难为情，硬要爬出壕沟。结果，他一出壕沟，就被对面山头的一个美国兵一枪打死了。

　　我用的武器是 90 火箭筒，是专门用来打坦克的。我随身带火箭筒，它的口径和毛竹筒差不多。

我们夜里行军，白天睡觉。有一次，天亮了，其他战士都开始睡觉了，轮到我烧饭。我刚淘好米，就听到敌人的飞机"嗡嗡"飞过来了，随即将炸弹扔下来，机枪也扫射下来。我烧饭用的钢盅锅子都被炸飞了，还好我人没事。可是在我前面的一个战士和后面的一个战士都被敌人的机枪打死了。我差点牺牲的情况不是一次两次了，我真的是命大才闯过来了。

在朝鲜，我觉得最苦的是下雨天和下雪天。睡觉时，要把睡的地方弄干净，先找一些石头放好，上面再铺稻草和席子，躺上去后身上还要盖雨披。等睡醒后，经常是鞋子都冻结在地面上，拔都拔不起来。

1953年7月27日停战后，我们还照样留守在阵地，防止敌人反攻。1953年，我立四等功一次。1954年，我在朝鲜火线加入中国共产党。

我在朝鲜整整待了三年。1956年，我从朝鲜回到祖国。这一年，我立了一次三等功。

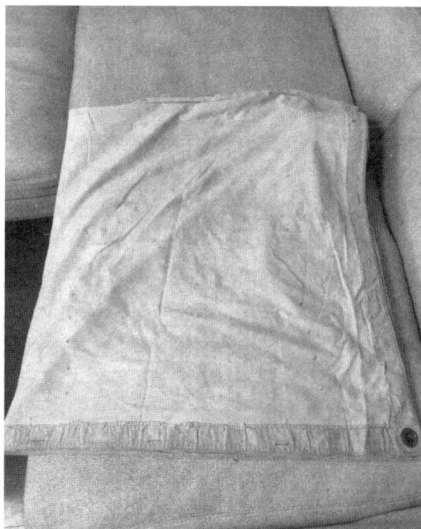

盛阿明珍藏的已经褪色但仍带有血迹的雨布

董安庆口述资料

口述人：董安庆

采访整理人：钱宝良

采访时间：2023 年 10 月 17 日

采访地点：南湖区南湖街道银柳坊

老战士档案

　　董安庆，男，中共党员，1931 年 11 月出生，浙江奉化人。1951 年 3 月参军。1953 年 3 月入朝。1953 年 11 月回国。

　　我叫董安庆，宁波奉化人。1951 年 3 月，我参了军，被安排在步兵连。大概在 1952 年 6 月，因汽车驾驶员稀缺，我被安排到黑龙江佳木斯参加汽车驾驶培训。为什么要到佳木斯培训呢？因为那里的气候和朝鲜相似，去培训是为抗美援朝做准备。

　　去佳木斯是乘火车，坐了 7 天 7 夜。一路上，随着气温降低，我们慢慢增加衣服。到了佳木斯，学了大概半年。1953 年 2 月，我们部队到达安东（现丹东市），随时待命入朝。大概在那年的 3 月 11 日，从朝鲜来的汽车来接我们。进入朝鲜，我们被分配到各个炮兵团。在朝鲜，看到的都是被炸的惨状。我们白天在山洞里休息，夜里装炮弹或者行军。早上又把汽车隐蔽好，在汽车底下睡觉。敌人的飞机主要是炸桥梁，有时上面在炸，我们在下面修。

晚上车队行军时，都不能开大灯，一开大灯，就会引来天上的敌机。汽车的大灯上面，虽然有遮光板，但有时还是遮不好。有一次，我看到被敌人炸死的战士的半个尸体挂在树上，这让我很害怕。

有一次，我们的车停在山沟的一侧，山沟的另一侧是我们的高炮部队。敌机飞来，目的是想炸高炮部队，可是一枚炸弹落到了我们这边，弹片从我的肩膀上擦过，我的雨衣被炸了个洞，还好人没事。

我们的汽车主要是运送物资，包括弹药武器，凡是炮兵部队阵地上需要的物资都由我们运送。拖炮不是用我们的汽车，是用4吨的大型汽车。我们的汽车大部分是苏联的，也有一部分是国民党留下来的。我们的汽车也常被敌人炸毁。后来回国时，我们看到鸭绿江边上、沙滩上被炸毁的汽车堆得像山一样高。

1953年11月11日拍摄的抗美援朝回国纪念照（后排左二为董安庆）

我们的炮与美国的炮从射程上比较的话，他们的炮射程要远，我们的射程近。后来，我们用苏联的喀秋莎炮弹，射程就远了。

1953 年 7 月 27 日，还没有到正式停战的时间，我们看到美国的飞机又飞了过来，我们的高炮部队开炮打击。

说到洗澡，在朝鲜我们是在汽油桶里洗的。汽油桶里盛满温水，我们就光着身子跳进去洗。

1953 年 11 月，我们从朝鲜乘火车回国。1956 年 7 月，我在部队加入了中国共产党。1958 年，我回到省里，后被分配到嘉兴冶金厂工作，在厂里开厂车运送物资，直到退休。

谢远芳口述资料

口述人：谢远芳

采访整理人：翁洪彬

采访时间：2023 年 11 月 2 日

采访地点：南湖区大华城市花园

老战士档案

　　谢远芳，男，中共党员，1933 年 12 月出生，湖北石首人。1950 年 2 月参军，在中国人民解放军第 45 军。1952 年底入朝，任连队文书，后为通信兵。1956 年回国。

　　我叫谢远芳。1950 年 2 月，我响应党的号召去当兵，我参军的单位是中国人民解放军第 45 军。我们这个军是全国的机动部队，机动部队是很有战斗力的，什么仗都可以打，机动性很强，哪里需要就到哪里去。在抗美援朝之前，驻地在广东湛江市雷州半岛。

　　我是湖北人。当时我是一个普通战士。接到上级命令，部队先要动员，国家要我们抗美援朝。当时部队机械化程度很低，从雷州半岛靠步行行军到广州，走了近一个月，到了东莞，从常平火车站坐火车到东北安东（现丹东市）。到了后，待了一段时间，没有马上入朝，要看上级安排。

　　1952 年底，我们正式入朝。那天应该是晚上六七点上的火车，到 8 点钟，

141

人的精神突然紧张起来，广播里放着"雄赳赳，气昂昂……"的歌声，战斗气氛一下起来了。火车开到了朝鲜新义州。第二天早上七八点下火车，当时看到的景象是，社会萧条，人很少，车也很少，剩下的基本都是老人、小孩。

到了朝鲜，我们的生活方式完全颠倒了，白天睡觉，晚上行军。因为中国飞机少，虽然后来苏联给了飞机，但是我们还是没有制空权，美军的飞机是随时随地来轰炸的。没有办法，我们白天待在山里。朝鲜坑道很多，山里都是坑道。

我们部队就打过一仗，参加的是金城战役。轿岩山战斗是这次战役中极为关键的一战。轿岩山比较高，是一座长方形的山，南朝鲜（韩国）军队在这里构筑了非常坚固的防御工事。部队在山上能坚持一两天就不错了，因为要吃饭、要休息，所以部队要进行轮换。那天，我们在这个山底下，作为第二梯队准备接替前线部队，当时听到枪声稀稀拉拉，后来就停战了。后来爬山时，我亲眼看到在一个山坡上有许多坟墓，一排一排的，可以看出当时战斗非常激烈，我估算当时攻下这个山头至少牺牲了一个连。战友牺牲都就地掩埋，每个坟墓上有一个牌子，写着哪里人、名字、部队、职务等。打仗牺牲是正常的，不死人是不可能的。

战争是残酷的。朝鲜元山市全部炸完了，小城市也一样，大一点的镇也都没有了。好一点的房子都没有了，只有靠近山区、农村的地段还有点像样的房子。被美军炸毁的轮船都是锈迹斑斑的，停在港口。当地老百姓吃的啥？没得吃。我亲眼看到他们吃树皮，把山上松树外面的老皮扒掉，刮下里面的绿的，放进水里泡起来，捣碎后当饭吃。菜，哪有油啊，主要吃泡菜，一口很大的缸，埋在地下，里面放上辣椒，就吃这个，当时朝鲜是真的苦。

1953年上半年，我20岁。当时听说双方都准备打第六次战役了，都做了很多准备，后来停战了。

当时我在连队当文书。我读的是私塾，也写得一手好字。我们连队牺牲的不多，前面我说的山上烈士坟墓，埋的100多人，大家在电影里应该看过，冲锋的情况跟电影中呈现的是一样的，是冒着敌人炮火前进的，随时会倒下。我想，中国人为什么打仗厉害，因为我们决心很大，"不惜一切代价，一定要拿下来"。

1954年，部队开始有了步话机。部队要普及通信兵，因为我算有点文化的，上级就把我调去当了通信兵。我在的部队用的是71步话机。团里开了培训班，那时我们就在广场上学。

1956年，我回国了。1966年，我加入了中国共产党。1969年，转业回到地方。1993年，在嘉兴退休。

秀洲区

王云现口述资料

口述人：王云现

采访整理人：陆慧芬、吴霞婷

采访时间：2023 年 11 月 1 日

采访地点：秀洲区洪兴西路新安国际医院

老战士档案

王云现，男，中共党员，1930 年 9 月出生，山东临沂人。1945 年 6 月参军，先后参加抗日战争、解放战争。1951 年 1 月随抗美援朝先遣团入朝。1951 年回国。

我叫王云现，山东临沂人。1945 年 6 月参军，1946 年 3 月加入中国共产党。我先是编入八路军 115 师晋鲁豫支队，再是八路军华野 2 纵队，后来是 21 军 61 师。我在战争年代 4 次受伤，是三等乙级伤残军人。

我参军后经历的第一次战役是抗日战争中的临沂战役。当年，我 17 岁。我们组织了一支青年抗日先锋突击队，队员都是十七八岁的小年轻。我们爬深巷、炸碉堡，打日本人。这一仗伤亡很大，我们 38 人打到最后只剩下 6 人。整个战役消灭了敌人一个联队，相当于我们编制的一个团。战争结束后，领导奖励我们每人一条毛毯。

解放战争开始那会儿，回到山东，打鲁南战役，天天下雨，天天打仗。

我们部队有所伤亡，但是消灭敌人 5 万多人。鲁南战役以后，参加莱芜战役，消灭敌人 5 万多人。后来又参加孟良崮战役，之后部队南下江苏，在盐城益林消灭敌人一个旅。又北上打回山东，在三岔涧消灭敌人一个军。后部队北上到胶东，在莱阳战役中消灭敌人一个旅。再后来打了 3 个月的淮海战役。参加革命后，我经历的大小战役算起来总共 80 余次。我们一道参军的同一个区 120 人，到 1947 年剩下不多了，有的负伤，有的牺牲，我一共负伤 3 次，特别是在 1945 年 6 月的新安镇战役中腹部受重伤。1947 年至 1949 年，我在莱芜战役中立二等功一次，在南下渡江战役中立四等功一次。

1950 年 12 月，21 军执行军委的决策，从全军抽调战斗骨干组成抗美援朝先遣团奔赴朝鲜战场。我是跟着入朝的，担任了保卫干事。出发前本来是要发棉衣的，但是来不及了。1951 年 1 月，我们到了朝鲜。那时，我们还穿着单衣，连件毛衣都没有，有的战友冻死了，有的饿死了，一个礼拜不见一粒粮食，后方运输来不及。我好在有一条毛毯，没有这条毛毯我就冻死了。

那时，我们吃的是树皮、草根。山上的树、草、棉花，全让我们吃没了。敌人的飞机一来就是几十架，狂轰滥炸，我的战友遭敌机轰炸，牺牲后惨不忍睹，炸开的肚子里没有一颗粮食，有的只是树皮和棉花、松针叶。不久，交通畅通了，我们祖国把粮食运来了，有饭吃了，棉衣也有了。但是我们牺牲很大。

我是 1951 年因受伤而回国的。祖国和党没有亏待我们。我有残疾军人补贴，还有工资，我感到很幸福。我经常对我的子女说，任何时候都不要忘记共产党，共产党救了我们一家人。回想我祖母是遭日本人毒打而死的。我的父亲 1938 年抗日战争时参加革命，1947 年冬天因叛徒出卖而被杀害，那叛徒是他的秘书。敌人逼我父亲交代组织情况，他硬是咬掉了自己的舌头，后来牺牲了。我自己的脚是在抗美援朝的五音山阻击战中被敌人打伤的。这场战斗非常惨烈，美军飞机 10 架一批连续轮着轰炸。当时，我从战场上下来被送去医治时，苏联医生坚决要锯掉我的腿，他说："这个我们说了算！"但好在我们有个杭州的外科医生说："这个你说了不能算。我们是中国老乡，他这么年轻，腿截肢了，让他今后怎么生活啊？"后来我的腿被保下来了。

在临回国时，我们看到一个朝鲜小女孩抱着自己已经死了的娘喊着："阿妈妮，阿妈妮！"看着可怜极了，我们就将小女孩抱回国，安排在吉林市的一个幼儿园里，要是活着的话，也该 70 多岁了。

我有两个战友，一个姓蒋，一个姓刘，他俩都牺牲在朝鲜战场上了。回国后，我坚持接济他们的母亲，一直到她们过世。战争中有很多战友牺牲在朝鲜，找不到了，连遗骨都找不到了。有时伤亡严重，一个连、一个团就都没了。战争太残酷了！

王云现珍藏的志愿军胸章和各类奖章、纪念章

吴立民口述资料

口述人：吴立民

采访整理人：陆慧芬、吴霞婷

采访时间：2023 年 11 月 1 日

采访地点：秀洲区洪兴西路新安国际医院

老战士档案

吴立民，男，中共党员，1936 年 7 月出生，江苏灌南人。1949 年 9 月参军，在中国人民解放军 30 军 89 师 266 团卫生队。1950 年 10 月入朝，在志愿军 20 军卫生队。1952 年 10 月回国。

我叫吴立民，1936 年 7 月出生，江苏灌南人。1949 年 9 月，我在上海浦东参了军。1954 年，在浙江临海因工作积极，荣获个人三等功。1956 年 9 月，我在部队加入了中国共产党。在部队时，我先后担任过看护员、卫生员、护士，最后是师卫生营的护士长。1963 年 4 月复员转业，1996 年 12 月离休。

我原在中国人民解放军 30 军 89 师 266 团，后 30 军的军部编到东海舰队，我所属 89 师分在中国人民解放军第九兵团 20 军，我们驻扎在浦东。1950 年，朝鲜战争爆发，我们的部队从浦东被拉到了山东兖州整训。当时，我们营没有参训，留在江苏常熟看守了一段时间。3 个月后，大概是在 10 月，我们营坐汽车从常熟到无锡。部队到无锡，当时就发了棉衣。天不怎么冷，要穿棉衣？我们战士不理解，到底要到哪里去呀？过了长江到蚌埠停车吃饭，当地政府敲锣打鼓来欢送我们，但战士们仍不理解，到了兖州车站，停了2小时，也没有下车，直接北上到了东北。过了山海关已经下雪了，一片白茫茫，再过梅河口，就到了辑安（现集安市），然后我们明白是要入朝了。

到了朝鲜，我们20军参加了两次战役。长津湖战役就是第九兵团参加的。当时，天气太冷了，我们损失惨重，冻伤、冻死的很多。如果天气不冷的话，美军陆战一师肯定跑不了。当时大约40%的战士被冻伤、冻死。后来，经过几个月的休整，补充了兵力。到了1951年，在第五次战役中，我们部队打了两个阶段。行军打仗时，我们所背的粮食只够吃7天，7天一过粮食就没有了。美军知道这情况，看到志愿军部队来了他们就逃，为的是消耗我们的粮食和体力。美军机械化部队总是消耗我们的兵力，他们前进2个小时，五六十里过去了，我们要行军1天时间才追上去。战斗中，美军很狡猾，等我们粮食吃光了，子弹用尽了，就发起反攻。

从战场上下来后，我们经过休整，于1952年10月从朝鲜回到国内。

参加抗美援朝战争，我有一些体会：一个是关于战时状况的对比。我们是晚上过的鸭绿江，过了鸭绿江回头一望北面，我们的祖国灯火辉煌，而朝鲜却是一片漆黑，一路上难民很多，没有好的房子，我到现在还是对当时的战争气息印象很深。朝鲜的主要兵力都被拦在了南朝鲜（韩国），只有几个师了，战争主要靠我们中国人民志愿军。第二个体会是，抗美援朝战争是在我国最困难的时期打的，这场战争提高了我国的国际威望和影响力。以前，外国人是瞧不起中国人的。开国大典上毛主席庄严宣告"中国人民站起来了"，他们外国人不理解：你们这是什么意思啊？抗美援朝这一仗打了以后，我们的国际影响力很大。有一位日本记者曾经说："原来我们是看不起你们中国人的……现在从朝鲜战争结果看，你们中国人确实了不起。"

　　1963 年，我就转业了。当时转业有个政策，有三个地方可供选择，我选择转业到嘉兴。我爱人叫徐仪，也参加过抗美援朝战争，是 20 军医疗队的护士。

吴立民所获抗美援朝纪念章和军功章

林在正口述资料

口述人：林在正

采访整理人：陆慧芬、吴霞婷

采访时间：2023 年 10 月 31 日

采访地点：南湖区中山东路幸福嘉和老年公寓

老战士档案

林在正，1937 年 4 月出生，浙江嘉兴人。1949 年 10 月参军。1953 年上半年入朝。1953 年 7 月回国。

我叫林在正，1937 年出生，是嘉兴塘汇人。1949 年 10 月，参加独立营（在东栅），先后是嘉兴分区休养所学员、管训处处部通信员、司令部总机电话员。1953 年，到华东军区新兵训练第四团担任团部电话员，后来担任江苏军区干部文化学校如皋分校电话员、警通班班长。1957 年 6 月复员。

1953 年，我在治疗过血吸虫病后，送新兵入朝上前线。我们先到苏州木渎，招了新兵后，带着新兵出发到浦口，到东北大东沟集训，经安东（现丹东市）穿过鸭绿江入朝。当时，战况危急，我们白天躲飞机，晚上行军，将新兵移交给当地部队，我们送的都是尖子兵。送走后马上回来。回来的时候，遭到了敌机的突袭。我记得背上的脸盆等物品都被打没了，边上的战友也牺牲了。

这是谈判结束前的最后一仗。

1953年7月，我回到国内。我所在部队是华东新兵训练第4团，回来后到了江苏如皋。1954年，如皋来了慰问团，给我发了一枚奖章。

赵永生口述资料

口述人：赵永生

采访整理人：陆慧芬、吴霞婷

采访时间：2023 年 10 月 10 日

采访地点：秀洲区王江泾镇运河大公馆

老战士档案

　　赵永生，男，中共党员，1934 年 7 月出生，浙江嘉兴人。1951 年 1 月参军。1951 年 4 月入朝，在志愿军 26 军 76 师，先后在通信连、高射机枪连。1953 年 7 月回国。

　　我叫赵永生，1934 年出生，是嘉兴市秀洲区王江泾镇人。1951 年 1 月，我参了军。3 个月后，也就是 1951 年 4 月，入朝参加抗美援朝战争。

　　朝鲜战争打响后，我是自愿报名去当的兵。1951 年 1 月，我虚岁 18 岁，当时王江泾这个地方有人作报告，动员青年报名参军参战，去抗美援朝、保家卫国，我听后就报名参了军。当时我连家里人都没有说一声就坐轮船到了嘉兴，在西大营集训了一个星期。再坐火车到辽宁阜新，集训 3 个月，3 月底到了安东（现丹东市），住了 3 天。3 天后，吃了晚饭，等到早上 4 点半，就打了背包，步行跨过鸭绿江，踏上了抗美援朝、保家卫国的征程。尽管是新兵，甚至还没有接受过长久的规范操练就直接上了前线，但是我们没有人退缩，每个人在奔赴抗美援朝战场前，就已经做好了随时牺牲的准备。

4月的朝鲜，天气依旧恶劣，天寒地冻。没有必备的御寒措施，也没有足够的粮食保障，更没有可乘的汽车，我们一百多号人只能冒着零下20多度的严寒，背负七八十斤重的包裹，靠双腿，每天行军六七十公里，步行了1个月才到。一路上，我们昼伏夜行，避开敌军的空袭。我们忍受着寒冷和饥饿，凭着那反复磨出血泡后糜烂了的双脚，奔赴抗美援朝的最前线。但即使条件这样艰苦，我们的精神和意志也没有磨灭。我们看到了无数的战友牺牲，有的冻死，有的病死，还有的中了埋伏。当时，尽管心里也有害怕，但是作为一名中国人民志愿军，保家卫国的使命高于一切，如果我们的牺牲可以换来民族的团结与和平，那么个人安危又算什么？当志愿军就要有勇敢、不怕死的精神。

我在26军76师独立高炮营，先是去营部担任通信员，在通信连里送信时，一开始由老兵带着我熟悉工作，差不多带了1个星期。到团部后，则独立工作。有时碰到李承晚部队，他们往往会装成朝鲜老百姓，所以必须警觉性高一些。我们用的是苏式卡宾枪，一定要子弹上膛手端枪，眼观六路耳听八方。那时，我1个月大概要送十几封信，好在任务都能顺利完成。1个月后，我被调到高射机枪连，一直到退伍。

我去的是机枪连4连，当机枪手。每部机枪要有4个机枪手，一、二枪手负责瞄准，三、四枪手负责装弹药，我是后者。我们连队驻扎在山区的防空洞里。防空洞是我们在轮岗休息时一点一点挖出来的，条件十分艰苦，又要每时每刻都处于待战和激战状态。我们机枪4连抓住每次战斗的间隙，轮流着挖。挖好后，在地上铺些草当睡铺，就这样住了下来。

那时候武器装备不如人，步兵有一支旧枪就不错了；粮食得不到保障，往往派来的10车粮食可能有9车在半路就被炸毁了，因此我们一直饿着肚子，有时饿得实在没办法，就刮树皮、捋树叶（榆树）、挖草根，弄来后捣碎了烧着吃，也算填一下肚子。在山坳里，防空洞非常潮湿，没有水、没衣换、没法洗澡，所以我们身上长满了虱子。气温达到零下三四十度，我们的脚都冻烂了。又因为我们离前线只有十多里路，驻守之地又是敌机必经之地，所以常遭偷袭。但就是在这么困难的条件下，我们英勇顽强、舍生忘死，打出了国威、打出了军威、打出了大国地位，凭借的是什么？就是我们的毅力、决心和必胜的信念！

有一次，有 2 架敌机先过来侦察，接着 48 架敌机乌压压一片偷袭而来，我们营的位置暴露了。连队战友有三分之二被炸没了，后来逐步补入，有新兵，也有老兵调过来。我们志愿军就是靠勇敢、不怕死的精神取胜的。战斗的环境总是十分恶劣的，但我们做好了伪装，机枪也套上了伪装物。疯狂的敌机往往是低空飞行寻找目标，这给了我们歼击的机会，高射机枪连常常打的是普通飞机，尽管这些敌机首尾都能向我们阵地扫射，但经过持久交战，我们一个营居然还打下了 20 多架敌机。后来，我们营受到了嘉奖，荣立集体三等功。

1957 年军教结业合影（前排居中者为赵永生）

我们所在阵地离平壤很近了，只有 100 多公里，但我们周围既无城市，也无村庄。休息时，战友之间就彼此学习，新兵向老兵请教如何擦枪保养、如何卸而复装。不管是武器保养还是瞄准打枪，都是在战斗中学会的。

在板门店签订停战协定后，朝鲜战争宣布结束。1953 年 7 月，我们从朝鲜回来了。幸运的是我们机枪连 4 班的 12 名战友如数回来了。回来后，先到山东，我们 26 军 76 师负责保护机场。

1957 年，我退伍后直接回到王江泾镇。1958 年 6 月，王江泾丝织厂成立，当时又称王江泾合作绸厂。我是首任厂长。我入党时间算比较晚的。我是在 1982 年加入中国共产党的。

抗美援朝战争胜利已经 70 多年了。今天的和平是我们多少战士流血牺牲换来的，年轻人应当珍惜当下，珍惜这来之不易的和平安定环境和幸福生活，尽己所能为国家建设贡献自己的一份力量，让祖国更加强大，屹立于世界民族之林。

雷松宝口述资料

口述人：雷松宝

采访整理人：陆慧芬、吴霞婷

采访时间：2023 年 10 月 11 日

采访地点：秀洲区王店镇建林村

> 雷松宝，男，中共党员，1933 年 1 月出生，浙江嘉兴人。1951 年 2 月参军。1953 年入朝，在志愿军 21 军 63 师 188 团，先后任通信员、警卫员，三营通信班副班长、班长，三营 8 连任副排长、排长。1957 年 1 月回国。

我叫雷松宝，是嘉兴市秀洲区王店镇建林村村民。我是 1951 年 2 月参军的，在浙江省军区警备一团。1958 年 6 月退伍。退伍后曾经担任过村里的治保主任和财务主任。

1951 年 2 月参加中国人民解放军时，我还是一个小伙子，记得那会儿是过了阴历年去当兵。那时，部队的主要任务是剿匪，我先在嘉兴西大营进行了 3 个月的新兵集训，然后又去了桐乡乌镇剿匪部队，待了大约半年，当时是给连长当通信员，后来又到了湖州保护电灯公司。

1952 年底，朝鲜战争交战双方经过两年半的殊死搏斗，已在"三八线"附近呈对峙状态。为了防备以美国为首的"联合国军"在朝鲜北部实施登陆进攻，夺取朝鲜战争的最后胜利，中央军委决定第二期轮换部队提前入朝，全力进行反登陆的作战准备，21军奉命解除浙江海防任务，于1952年12月移防苏州、上海附近，准备入朝作战。

抗美援朝战争打响后，21军作为第二批也到朝鲜去了。我们先在湖州集训，后乘轮船去上海。配备新式武器，经整编后，我们去了东北安东（现丹东市），再次整编后上了火车，跨过鸭绿江大桥到朝鲜。记得出发那天，上百辆军用汽车，载着威武的志愿军，在公路上浩浩荡荡地前进。驻地和沿途群众自发形成送行的人墙，纷纷前来与战士们握手道别，有的还不停抹眼泪，依依不舍地追随车队惜别。实际上，跨过鸭绿江到朝鲜已经是1953年上半年了。

我所在的部队就是21军63师188团，我在部队一直承担着首长的保卫工作。我到朝鲜时，先在营里给营长当通信员，之后又当团长的警卫员。志愿军战友牺牲了好多，我们王店一块出去的7个人，只有我回来了，所以说我的命是捡来的。当时，战役指挥部设在山洞里，虽然我没有上前线，但有一次我们与师部联络不上，没有电话，线路被敌人的飞机大炮炸掉了。我们团被敌人包围了三天三夜，与外面联系不上了，也没有什么可吃可喝的。首长说："同志们，大家艰苦点，如果觉得喉咙干了，可以用杯子接尿解决一下干渴问题。"后来经报务员千方百计地捣鼓，线路终于接通了，并与上级联系上了。不久，我们被安排到后方医院疗养。

1953年7月，我见证了最后一次谈判。我们团长胡启潼会讲英语，所以担任中国谈判代表团第七谈判小组组长，下面组员都是师长、军长等，当时谈判的主要任务是签订停战协定。

在朝鲜板门店谈判期间，记得有位首长拍拍我的肩头说："小鬼啊！你要好好做保卫工作哦！"谈判是在板门店的帐篷里进行的。那是最后一次谈判，我保卫我们团长，深感责任重大。他们谈了1个多小时，我们一直在帐篷外面做保卫工作，他们讲了什么，我们都听不到。谈判后，宣布停战了。

在朝鲜，我参加过一次守备战、一次反击战。停战后，我们还在朝鲜帮助朝鲜百姓重建家园。1956年，我因工作积极获嘉奖一次，立三等功一次。那会儿我已经是少尉排长级别了。后来，团长为了培养我，说："小雷，你不能一辈子跟着我当兵，我要培养你，有个机会要把握好，你与9连副指导员一块到重庆步校学习。"1957年，我离开朝鲜到重庆步校学习，那时一起培训的有1000多名学员，学的是军政文体相关知识，学习时间为1年多。1958年，我复员了。我是在这年8月回家的，算起来在部队服役了七八年时间。

我是1953年在营部加入中国共产党的，因文化程度不高，营长让我随便写一点，我就简单写了份入党申请，由营长、指导员做我的入党介绍人。今年是2023年，我也是有70年党龄的人了。那时我也没有想到什么东西，就想我这一辈子都要跟着共产党走。

雷松宝珍藏的纪念章

嘉善县

王文照口述资料

口述人：王文照

采访整理人：周冰缘

采访时间：2023 年 11 月 17 日

采访地点：嘉善县罗星街道中央花园

老战士档案

王文照，男，1933 年出生，浙江嘉善人。1952 年参军后即入朝，在炮兵第一师任指挥连报务员。1955 年 3 月回国。

20 世纪 50 年代，我离开家乡嘉善，只身一人来到枫泾讨生活。当时，听闻政府要征兵去抗美援朝，18 岁（虚岁）的我像很多热血青年一样响应国家号召，毫不犹豫地报了名。那个时候，我是瞒着家人的，直到临近出发时才告诉了姐姐。当时，枫泾去了 3 个人，我就是其中一个。到了东北，临出国之前，我也没敢联系母亲，只是告诉了叔叔让他转达。我还寄回去了两件衣服，想着如果不能回来，也可以留作纪念。

我们先坐火车到安东（现丹东市），休整一周后，再坐汽车过鸭绿江。过了鸭绿江桥，好比进入了另一个世界——目之所及皆是房屋倒塌、田园被毁的景象，江的那一头已然成为一片废墟，老百姓苦不堪言。当时中国虽然解放不久，百废待兴，但看到朝鲜的样子，心里真不是个滋味。眼前的景象，更加激起了我们打胜仗的决心和信心。

当时，我因为念过书，而且思维敏捷、勤奋好学，被分配到了炮兵第一师，担任指挥连报务员，发报代号为"泰山"，跟随指挥连驻扎在山上的一个坑道里。这个坑道是我和战友们用铁锤等工具一点点挖出来的，深1.5米至2米，宽2米。这里既是我们的工作室，也是起居室。指挥连有7名报务员，有时一天要发送大量信息，我就和战友们轮流发送，一天下来，由于精神高度紧张，我们总是疲惫不堪。每天除值班人员外，其余报务人员会利用休息时间边干边学，不断提升业务能力。

除了应对紧张的局势，还要不断适应朝鲜恶劣的天气。晚上，室外值班，棉袄大衣穿身上也不顶用，时间久了便冷到麻木了，渐渐地也习惯了。室外积雪有50厘米厚，室内温度也极低，没有什么取暖的，在睡铺上放些稻草才暖和些。

抗美援朝战争结束后，我在朝鲜待了一年多，部队驻扎在顺川郡。我们帮助朝鲜人民建房屋、修水库、筑道路、架桥梁等，重建家园。因为有了中国人民志愿军的帮助，朝鲜得到了快速恢复和发展。在朝鲜期间，朝鲜政府部门和老百姓都会来部队慰问，送食物和生活用品，表示感谢。我一辈子都不会忘记在朝鲜的那段宝贵的经历。

1955年3月，我离开朝鲜回到中国。

匡良口述资料

口述人：匡良

采访整理人：周冰缘

采访时间：2023 年 11 月 10 日

采访地点：嘉善县魏塘街道解放一村

老战士档案

匡良，男，1934 年出生，江苏兴化人。1946 年 7 月参军。1952 年 9 月入朝，任助理军医。1955 年回国。

1952 年 9 月，我随军赴朝参战。敌机不停地轰炸，为了躲避敌人的视线，我们白天休整、晚上行军，可以说，跨进朝鲜就进入了战斗。到达目的地后，我被分配到侦察队担任助理军医。

1952 年底，敌我双方都会以小部队活动，我方就是以侦察队、侦察连为作战单位去抓"舌头"、抓俘虏，了解敌军情况。我们通常分搜索组、火力组、捕获组，我是火力组的。一天下午 5 时，我们正打算休息时，突然接到敌人小部队正在下来活动的消息，于是我们紧急出动，准备对敌人打一场反伏击战斗。

趁他们不备，我们先扔了一颗手榴弹过去，然后交火，几分钟后，对方喊"是自己人"，于是我们停止进攻，结果敌人猛烈射击，原来那个人是汉奸，我们一下子丧失了战斗主动权。战斗中，队长急忙命令副排长冲上前，扔了一颗苏式手雷过去。这手雷威力很大，一瞬间耳朵听不到任何声音，吓得敌人落荒而逃。那场战斗打得很激烈，敌我双方均有伤亡，最后我们取得了那次反伏击战斗的胜利。

还有一件让我印象深刻的事情。大约是1953年5月，403高地三面临敌，我们的兄弟部队坚守了一段时间，但是人员伤亡惨重。上级派16军来接替，但一路受到敌人阻击，未能按原计划抵达，山头也处于暴露状态，兄弟部队处于险境。我们的侦察大队因为离兄弟部队较近，临时接到上级紧急命令，要支援坚守403高地10天。接到命令后，当天晚上五六时，副指导员组织我们小分队共14人，前去增援。我们到达403高地后，立即组织战斗小组守住山头，防止敌人偷袭、进攻。因为被围困，山上条件艰苦，水也没有。每天晚上，由4名战士拿着浮油桶跑到山底下接水，一路来回都是爬着的，因为要躲避敌人的探照灯和照明弹。等爬到山上，只剩一半水了。这些水首先要供给伤员和步话员。步话员必须守着步话机，因为步话机电池不足，需要每小时开机联络一次。在艰苦坚持了一个星期后，16军终于抵达，接替坚守403高地。在那一周内，我们阻击了敌人的两次进攻。

1953年7月27日，我印象很深，那是朝鲜停战协定签订的日子。那天大家都很高兴。停战协定是上午10点钟签字的，但是在签署12小时后才能生效，这12小时很关键。10点钟接到命令，每人送2箱弹药到前线。回来已经是傍晚。天黑之后，能看到闪光弹的光，碰到石头火光四射。到晚上10点钟协定生效，四周感觉一下子寂静下来，安静得连溪水的声音都听得到。最后一天牺牲的战友真的很可惜。

战争结束后，我继续留在朝鲜帮助朝鲜人民重建家园，直到1955年回国。

战争危险无时不在，很多战友的生命留在了朝鲜……我是为他们活着，要替他们看看这盛世。1955 年，我获得解放奖章 1 枚，这是国家颁发给在解放战争期间有功人员的。

离休后，有时候我还会受社区和学校邀请去给嘉善的市民和学生讲讲战场上的故事，我非常乐意，经常教导他们，希望他们牢记中国苦难的过去，特别是不能忘记那些牺牲的先烈。

梁庄忠口述资料

口述人：梁庄忠

采访整理人：周冰缘

采访时间：2023 年 11 月 8 日

采访地点：嘉善县罗星街道四季美庐

老战士档案

　　梁庄忠，男，1932 年出生，湖南怀化人。1951 年 1 月参军。1951 年 4 月入朝，在志愿军 47 军 140 师 420 团任文化教员。1954 年回国。

　　当时我刚刚读完高中，听到"抗美援朝，保家卫国"的号召，我们年轻人都有很高的热情。我们有几个同学一起，说"好！当兵去！"

　　在 1951 年 1 月 14 日，我就参军了。

　　1951 年 4 月，我们的部队跨过鸭绿江。我们过江的时候，鸭绿江的铁路桥已经被炸断了，我们是架着木板过去的。我们走在鸭绿江的浮桥上，往朝鲜那边看，一片黑暗，只看到敌人的飞机在天上打着照明弹，一个一个闪着火光。往祖国那边看，祖国大地还是灯火辉煌。如果说敌人就要打过这片江，我们这边还能灯火辉煌吗？这个时候，我站在江桥上，亲身体会到了为什么要保家卫国，为什么要过江。

　　我们从鸭绿江走到"三八线"，白天住防空洞，晚上往前走，走了上千里，走过了村村寨寨，敌人的飞机轰炸把房子都破坏了，男人都上了战场，家里剩下的是老弱妇孺。

到了临津江，我们是小米加步枪，而敌人是飞机和大炮。我们的部队在平原上作战不行，只好退回到临津江。临津江的那一边，是一个绵延的丘陵山脉，把朝鲜分成两部分，我们就退到这个丘陵地带，依靠山势来阻挡敌人的前进，在临津江这边打阻击。我们这个部队确实也是阻击英雄，在临津江占领了山头以后，背水一战，敌人再也没有前进半步。

当时的战争确实打得很残酷。外面是敌人的飞机，我们白天躲在防空洞里。白天，敌人向我们打；到了晚上，我们跟他打。在我们坚守阵地的第一个晚上，敌人打过来了。我们有一个班长，当时是英雄班的班长，叫张友，他就带了一个老战士、一个新战士。3个人进了敌人阵地，往这个防空洞丢一个炸弹，再往那个防空洞丢一个手榴弹。赵子龙是长坂坡七进七出，那天晚上，他们就来这个三进三出。

当时我们去的时候，是自己挖战壕，后面工兵师去了，挖了很多。一开始，我们打的时候，我负责其中一个运输排，排长姓李，还有一个助理医生、两个卫生员，组成了一个后勤工作队。伤员下来了，我们负责帮他们包扎，然后送到后方去治疗。有战士牺牲了，能把他的牌子从身体上摘下来的，我们就按照这个符号去翻他的名字，做好登记。后来，敌人就把美骑一师调上来。这之后就打得很残酷了。我们的领导干部知道战争残酷，需要保存一部分年轻干部，因为前面牺牲了以后要马上补充上去，所以当时安排连以下的年轻干部临时成立一个教导队，就是从要上前线的人中抽出一部分留在后方，前面牺牲一个，就再顶上一个。我就在这个教导队里，队里面都是像我这样的文化干部和年轻干部。我们这个班只有10个人，其他就是连长、排长、军事干部。打到最后一天的黄昏时候，我们接到命令，我们这个教导队的军事干部全部把枪交给当时的政治队保管，军事干部每人扛一箱手榴弹，上前线。为什么上去打仗就扛上手榴弹呢？因为战场上飞机大炮天天轰炸，尘土飞扬，我们拿着枪，枪栓都被灰尘挡住了，有的枪栓都拉不开了。敌人冲上来怎么办呢？两个办法——拼刺刀、扔手榴弹。所以每个人扛上手榴弹去坚守阵地，阵地上打得人都没有了，上去的全都是排级以上的干部。那一天，敌人的人也打没了，我们上去的这一批干部中，只有一个人在过封锁线的时候负了轻伤。坚守住了阵地后，美军也退了。

后面一次打仗，我们营4个营级干部参战，营长牺牲了，参谋长负了重伤，只剩2个文职干部：一个教导员，一个副教导员。

但是中国人民志愿军在这场战役中打出了国威，打出了军威。比如我们的营长，敌人冲上来后，机枪手牺牲了，他马上抓过机枪打。通信员把他的脚拖住，说："营长你不能去啊，你不能去啊！"他说："你还不放手，我枪毙你！"通信员没办法就放手了，营长冲到前线去，端着机枪就打起来了，前面敌人一片片倒下去了，但是敌人炮弹打过来，一个弹片飞过来把他的脊椎切断了。

我们营里还有一个姓赵的班长，他长得高大。他在战场打敌人，被埋了3次，3次他都站起来端着枪冲出来，说："老子打也打不死，埋也埋不死，老子还跟你打！"我们怎么打赢的？就是凭着对祖国、对党的忠诚，对人民的爱。当时在朝鲜，慰问团的歌是这么唱的："敌人腐烂变泥土，英雄的生命开鲜花……"这首歌唱的就是杨根思。明明知道是非死不可的，但为了守住我们的阵地，把敌人消灭，牺牲了自己。

回想起来也有很多故事，一个就是炊事班长抓俘虏。我们营里一个炊事班的班长，他到前面送完饭后身上只剩下一根扁担，顺着路一个拐角走过来，刚过了山脚，碰见前面3个美国兵。就隔着十来米了，3个美国兵每个人都背着卡宾枪，他就一根扁担，你说他怎么办呢？这个时候你跑得掉吗？跑不掉啊，人家是冲锋枪，他就一根扁担。当时我们部队也教过英语，就在美国兵走到跟前几米远的时候，他拿着扁担大喊"Stop！""Put the gun down！""Follow me！"3个美国兵看到这个东西，心想这是什么武器，其实就是一个扁担。他们把枪老老实实地放在地上。炊事班班长说："你们后退！"他们后退时，他就把美国兵的3支卡宾枪背起，说："跟我走！"这3个美国兵老老实实跟他走。这一根扁担抓了3个美国兵，是真人真事，体现了我们的英雄气概。

还有一个故事就是打飞机。我们有个老炊事员，他在山上煮饭。烧饭冒烟，敌人的侦察机就"嗡嗡"地过来了。他怕暴露目标，就赶快用水把火浇熄了，敌人的飞机就过去了。于是，他继续架起柴生火了，结果那个侦察机又过来了，他连生了3次火。到了第4次的时候，他刚一准备生火，侦察机又过来了，他说："老子跟你拼了！"敌人的侦察机是有装甲的，它底下的装甲钢板一般的枪打不进去。他身上背着一支枪，也不管了，等敌人的侦察机飞得很低的时候，一枪打上去，正好打中飞机的油箱，油箱着火，飞行员跳了伞，飞机也撞毁了。后来开会的时候，我们的师长很幽默，他说："那一天晚上，打枪会暴露目标，是不对的，你应该受到批评。但是你把敌人的飞机打下来了，我还是给你立个功。"这也是个大英雄。

1954年，我们就回来了。我在520炮兵团待到1957年复员，我一共在部队待了6年多。当时部队要开展文化学习，回国以后我这个文化教员才是正式的文化教员了，原来在战场就是做些宣传工作，写写报道，宣传英雄事迹，但是我们要去参战，往前线送炮弹、粮食，晚上冒着敌人的炮火往上冲，我身上还有两个伤疤，是敌人飞机的炮弹片擦伤后感染留下的，是我抗美援朝的"纪念章"。

平湖市

江少樵口述资料

口述人：江少樵

采访整理人：李文嫣、赵星星

采访时间：2023 年 11 月 21 日

采访地点：平湖市乍浦镇汤山东路

老战士档案

江少樵，男，中共党员，1933 年 10 月出生，福建人。1951 年 2 月参军，在中国人民解放军 32 军 96 师 286 团文工团。1952 年入朝，在铁道兵第七师二支队政治处宣传股任文化教员。1953 年 11 月回国。

我叫江少樵，1933 年 10 月出生。1950 年，抗美援朝战争爆发，很多学生积极报名，都写了决心书，要保家卫国。当时我也写了申请书。1951 年 2 月，我参加了中国人民解放军 32 军 96 师 286 团文工团。当时，部队在福建省闽北一带，要招一批文化兵，就到学校里去做宣传。听到这个消息后，我们非常高兴，我就积极报名参了军。和我一起参军的有十五六个人，经过部队的审查以后都被录取了。

那时候，抗美援朝的前线部队吃也吃不上，武器也运不过去。我们国家就决定把一部分部队的步兵转为建设铁道兵。1952 年，我们部队就整编为铁七师二支队，前往朝鲜。

到了朝鲜以后，我们看到的是一片狼藉，很多房子都被炸毁了，铁路也被炸断了，可以用断壁残垣来形容。我们非常愤恨，发誓要坚决打败美帝国主义，要保家卫国。

我当时是在铁七师二支队政治处宣传股当文化教员。文化教员主要是开展部队的文化教育，抓扫盲，因为当时部队文盲比较多。在政治处宣传股，等于是在二线。我们当时的任务就是加强部队的文化教育，另外就是宣传当时的战争情况，有时也抢修铁路和桥梁，以保障铁路运输线畅通无阻。

1951 年 3 月，中国人民解放军 286 团和平参军同志在邵武的合影（最后一排左一为江少樵）

当时部队只有一个收音机。要开展宣传，只有依靠白天和晚上收听我们国内的消息，以及收听朝鲜战场打仗的情况。前线部队连收音机也没有。当时我们宣传股就想办法，利用这台老式的收音机，收取国内的消息、中央的指示，以及国内老百姓支援抗美援朝、前线部队打仗胜利的情况，连夜编写小报，然后赶紧刻蜡版、油印，第二天发到连队，每天晚上差不多都要工作到凌晨一两点钟。当时就靠收音机收录消息，把小报发到连队去做宣传介绍，起到鼓舞士气的作用。因为我当时不在一线，了解一线的情况全靠听收音机，只知道一线部队打得非常残酷。

我们在朝鲜的时候条件非常艰苦。敌人当时号称空军王牌，他们的空军不管白天还是黑夜，到处轰炸，平均9米就有一个炸弹，车站、桥梁、铁路通通被炸掉了。美军想打绞杀战，让我们前线的部队吃不上，武器运不上，要活活地饿死我们。那个时候，我们国家刚解放，空军力量比较弱，连高射炮都很少，所以铁道兵的任务是非常重的，要抢修朝鲜的铁路和桥梁。美军把桥梁炸断了，怎么办呢？我们就修迂回线，从山边绕过去，绕过这座桥梁。他们白天炸，我们铁道兵就晚上去抢修运输线。所以当时朝鲜的铁路有一个称号是"打不烂、炸不断的钢铁运输线"。因为它保证了前线志愿军吃得上、穿得上，武器弹药也用得上。那时，铁道兵在抢修当中也牺牲了不少。

抗美援朝时期的江少樵

刚开始我们是抢修铁路，后来又接到通知，说美军想从后面登陆。因为朝鲜是长条形的，美军想要把志愿军绞杀到前线，所以当时我们部队的铁道兵在1953年又转回步兵，到朝鲜东海岸元山、咸兴地区承担海上防御任务、构筑工事、挖坑道。当时我们师抢修沿海坑道，就像上甘岭的坑道那样打洞，一直修到元山。铁七师一共修了127条坑道、30多公里的战壕，准备抗击美军的偷袭。

当时，朝鲜冬天的气温在零下三四十度，有很多战士冻死在战场。部队基本没有什么房子住，有的住帐篷（靠山边的帐篷），还有的住乡下一些没有炸掉的房子。美军飞机看到牛都扫射，晚上看到灯光就炸。所以当时我们宣传股写小报时，电灯都是用黑布罩起来的，灯光不能露出来。

最艰苦的时候，我们吃的东西只有炒面。那时，首先要保证前线有吃的。

没有东西吃了，就把面粉炒熟了以后一把雪一把炒面这么吃，吃了以后继续战斗，消灭敌人。当时部队装备就是小米加步枪，都是常规武器。

我在朝鲜一直待到 1953 年 11 月。朝鲜停战后，我回了国。因为在部队表现比较好，我被保送到铁道兵学院，在部队的军校学习了 2 年，还立了三等功。我是铁道兵学院第二批学员，3000 多名学员考试，我是第二名。在学校里，我表现比较突出，一共 12 门科目，全部优秀，最后被评为优等生，还上了铁道兵学院的荣誉碑。

我在部队一共立了 2 个四等功、2 个三等功，获得 2 次通报嘉奖。

1976 年 11 月，我转业到平湖工商所。1987 年 7 月，我加入了中国共产党。

江华堂口述资料

口述人：江华堂

采访整理人：李文嫣、赵星星

采访时间：2023 年 11 月 9 日

采访地点：平湖市乍浦镇南大街社区嘉电新村

老战士档案

江华堂，男，1930 年 7 月出生，山东胶州人。1948 年 7 月参军。1950 年，编入中国人民解放军 32 军 96 师。1953 年 1 月入朝，在铁道兵第七师。1953 年底回国。

我叫江华堂，1930 年 7 月 1 日出生，老家是山东胶州。我当兵前是农民。1948 年，我响应参军解放全中国的号召，主动去县大队参军，那会儿去了 20 余人，组了一个队伍。后来，县大队升级，编入 32 军 96 师，我们就随 32 军 96 师南下福建。到福建后，在那里接受训练，开展剿匪工作。后来 32 军番号撤销，96 师调归福建军区建制，后与 86 师合并为铁道兵第七师。

1953 年 1 月，我们就去抗美援朝了。那个时候天气还很冷，南方穿的棉衣薄，到朝鲜去要换成厚棉衣。我们是坐火车去的，当时一声不响的，把车门关牢。大小便也在车厢里面，用腌咸菜的缸。

火车一直开到朝鲜龟城。一下火车我们就遇到飞机轰炸，因为刚到朝鲜，我们也不知道往哪里躲，看到后面有一座山，我们就往山那边跑，旁边有个指挥说："往那边去，往那边去！"我们大步往那边去，还算跑得快，飞机没炸伤我们。那一下，大家都知道战争的厉害了。

到了朝鲜后，刚开始我在机关医疗队当通信员。当时我们机关医疗队有两个通信员、一个文书，还有一个文化干事。通信员除了本职工作，还要照顾连长、指导员，以及打水、扫地、搞卫生等。

没多久，我又调到军需科工作。军需科管服装，管穿的用的，按照计划给大家发放单衣、棉衣、衬衣、鞋子、袜子、帽子等。那时候实行供给制，什么东西都是国家供给，自己是没有钞票的。各个单位造穿的计划表给我们，我们根据计划表汇总，再交到后勤部。后勤部把东西领回来，我们再到那去领，领的时候要把汽车伪装起来。运输途中遇到河流，常常需要我们自己下河来测量车子能否开过去。记得当时正在搞细菌战，那天又下着大雨，车子过不去，如果把衣服弄湿了那就不能发了。于是，我自己下河去试，看看水有多深：已经到屁股深了，汽车基本上慢慢可以过去。但是后来我的腿从水里出来后痒得一塌糊涂，后来又烂得一塌糊涂。在部队医院治疗了大概 3 个月，觉都睡不着。稍有好转我就立刻赶回部队，在医院治疗的日子里心里头太难受，时时牵挂着一线的战友们。后来一边运输一边治疗，回国以后也没好，细菌战的威力真大啊，我的腿就是那个时候坏的。

后来，我又调到汽车运输科管理汽车。汽车运输科每天负责部队的物资运输，运的最多的就是子弹、枪支。运输途中也会遇到敌人袭击，美军企图把铁路、公路炸掉，断掉交通，让我们运输不上去。我们运输大多是在晚上，汽车就开个小灯，能看路就行。大灯不敢开，大灯一开，飞机老远就能看到。飞机前面炸完后面炸，这种情况经常有，炸了以后，路如果没炸坏，就要赶紧通过。我们的汽车都是用树枝盖起来伪装的，否则暴露了被发现后敌机要炸的。

在朝鲜时，头顶上是飞机轰炸，眼前是大炮子弹。吃饭也不清静，这里跑那里跑，生活上比较困难。当时，我们的部队伤亡很大，断腿的、断胳膊的，眼睛看不见的，多的是，只能往后方转，师医院能留几个人？光包扎都来不及，更别说住院了。都是简单处理一下赶快包扎，该打针打针，该吃药吃药，赶快送走。那时候送伤员靠火车。因为运送物资的火车回去时都是空车，联系好我们有几个病号、有几个伤员要带回去，然后衣服盖上、口罩戴上，不准讲话。

那时候还要面对食物和枪、弹药等武器的运输问题。有些东西运送过来就冻坏了，所以我们都吃干菜。白菜晒干，一捆一捆的；大头菜切掉叶子晒干，吃的时候用水泡出来，烧成汤，放点盐，一人一碗，连汤带菜。国家还想办法把面粉炒一炒，用袋子装上运过来。吃的时候，我们挖一点已经炒好的面粉，弄点水泡泡，有的吃就算很好了。好多衣服运不上去，有好多人手脚都冻坏了，还有些人冻死了。人多需求大，就一条铁路，来不及运。

在朝鲜没有地方住，只能住在老百姓的房檐底下。后来慢慢地挖山洞，挖好以后万一敌人飞机、大炮来了，我们就跑到山洞里去，但也不能长时间待在山洞里面。我是在师机关搞运输的，所以比在前方好一些。

签订停战协定的时候我们都还不知道，后来签订成功后，部队才召开了会议，公布了这一好消息，但是大家依旧保持高度警惕。

停战以后，我们到东海岸黄草岭驻扎了较长一段时间，还换了好几次驻地，防止美军登陆。因为黄草岭和日本隔海相望，一边是日本，一边是黄草岭。岸上有灯光都能看见。在黄草岭驻扎一段时间后，到1953年底，我们慢慢地撤了回来。

何续新口述资料

口述人：何续新

采访整理人：李文嫣、赵星星

采访时间：2023 年 11 月 9 日

采访地点：平湖市乍浦镇庆元路

老战士档案

何续新，男，1933 年出生，浙江海盐人。1950 年 12 月参军。1951 年，分配到中国人民解放军 32 师坦克团任坦克驾驶员。1952 年入朝。1956 年回国。

我叫何续新，今年 91 岁，生于 1933 年。抗日战争时期，我的父亲逃到重庆，在重庆电报局工作，母亲逃到海宁硖石亲戚处。后来父母相继过世，我就到了上海，寄养在别人家，在店里当了几年学徒。1950 年抗美援朝战争爆发，因为没有了牵挂，父母没有了，兄弟也都参军了，所以我也响应号召参军了。

1951 年 1 月初，我到了河南商丘，进行了 3 个月的政治学习。5 月，到徐州的坦克第二战车编练基地学习驾驶，成了一名坦克驾驶员。学了 4 个月后，分配到 32 师坦克团，在团里担任驾驶员。这个团，后来赴朝鲜参加了抗美援朝战争。

1952 年，我们准备入朝。我们把坦克停在火车上，火车隐蔽在先行部队

何续新在 T-34 坦克前留影

挖好的山洞里，然后我们躲在火车里等待入朝的最好时机。由于那个时候使用的还是蒸汽火车，每个人的脸都被熏得黑黑的，军大衣什么的都很脏。当时，美军在朝鲜具有空军优势，所以我们一直等到天黑，在伸手不见五指的情况下，才由火车带着坦克开过鸭绿江，到了朝鲜的新义州下车。下火车的时候天很黑，车长在火车下面用手电筒照着坦克。我是驾驶员，就开着坦克下了火车。那时，飞机、大炮轰隆响。我那时候的心理状态也是无所畏惧，抱着"抗美援朝为国家牺牲也是光荣"的思想。

下火车后，我就跟着前面的车子一起前进，当天半夜到达指定地点，是一个飞机炸弹扔不到的山脚边。我把车子停到树林里，保养好车子，再把车盖好，隐蔽好，然后从坦克上拿下自己的被子。我们就临时到朝鲜老百姓家里借宿。老百姓家就是通间，他们往里面躺，我们就在边上。一整个房间都是草席，下面有烧火的烟道，所以是热的。因为朝鲜很冷，有零下二三十度，睡在外面是不行的。在外面吃馒头，馒头都是冻住的。我们去的时候经常面临枪林弹雨。白天我们基本不在外面活动，因为敌人飞机比较多，不定时地巡视，天一黑，再扔下一些炸弹后才消停。等天一亮，敌人飞机就又一刻不停地开始侦察了。

后来我们就在山边找合适的地方打洞，用凿子凿山，凿出口子后放炸药包，炸开一个洞，但是要炸得很大需要好几天。我们打山洞的时候，替换轮班，日夜打，白天打好，晚上换一批人继续打。我们有一位坦克车上的装弹手，看到旁边有一个东西挺好的，像一节粗的干电池，上面有4个支路（音），他用脚去一踢，"嘭"的一下就被炸到地上。那位装弹手那会儿才刚跨出一步，当场就牺牲了。

打了大山洞后，坦克就可以开进去隐蔽起来，否则白天飞机发现坦克后就要进行轰炸、扫射。后来，我们就采取打山洞这个办法。一个连有7辆车，就分别找地方凿洞把7辆车隐蔽起来。我们自己打好山洞后，也就居住在山洞里。白天我们在山洞坑道里隐蔽起来，保养车辆、检修，准备战斗。山洞里很潮湿，还滴水。我们当时穿的那个油布雨衣，是四方的，平时当铺盖，晚上就解开来铺在地上，再睡在上面，因为地上都是坑坑洼洼的。当时我们年纪轻，白天疲劳了晚上怎样都睡得着，那会儿也没觉得有什么。现在想起来，对我的关节、腰部等还是有影响的。

朝鲜的生活还是比较艰苦的，我们在那里青菜也吃不到，很多人得了夜盲症，眼睛不好，后来怎么办呢？老百姓的不能去拿，我们就用自己的伙食去跟老百姓换。因为鸡蛋之类的是没有的，只有鸡蛋粉，我们就用鸡蛋粉去换青菜。我们吃的是国内运来的罐头食品、鸡蛋粉等，蔬菜比较少，面粉还是有的，后勤会专门负责粮食供应。当时朝鲜老百姓生活也是比较艰苦的，我们吃的馒头、面粉也会送一些给他们。那会儿朝鲜老百姓基本上住在山脚边，山边比较安全，飞机不容易扫射和轰炸到。

我去朝鲜的时候是1952年，算比较晚的，那会儿是朝鲜战争中后期，在胜利之前了。我们去的时候看到战场上有一些损毁的坦克，残骸也看到过，想来前期是比较艰苦的，我们去的时候已经好一些了。我们那会儿步兵在前面，因为步兵对坦克的使用不太熟悉，所以他们不太敢使用坦克。照理说，我们坦克应该冲在前面掩护部队。但是那会儿反过来了，我们配的步兵不太能熟

抗美援朝时期的何续新（右）

练使用坦克，所以他们在前面冲着，坦克在后面。

坦克开动的时候声音很响。我们交流主要靠工作帽，就像空军驾驶员戴的那种帽子，都是海绵，防碰撞，帽子上还有耳机和喉头通话器，由车长指挥方向。还有炮手，负责调整炮火的方向；装弹手，专门负责装弹。一辆坦克车共有 5 个人，车长、炮长、装弹手、驾驶员、机电员，机电员是驾驶员边上的副驾驶兵，主要管电台。夏天，坦克里很热很闷，虽然里面也有风扇，但效果一般，上面门一关就很闷，衣服都湿透了。冬天也是一身汗。

后来，美军得到情报，知道我们当时去了很多团，大概有 10 个坦克团，一路坐火车过去。所以美国就朝"三八线"南面去了，就是在我们陆军很多部队的共同进攻下，朝南撤退了。我们就一直追，追到"三八线"，他们一路撤退到"三八线"以南。1953 年 7 月，停战了。记得那时候我还在值班站岗，枪炮声没有了，后来得到消息，说是已经停战了。

停战后部队就相继撤回了，我在部队待了一段时间后，于 1956 年回国。

张萍口述资料

口述人：张萍

采访整理人：钱澄蓉、杨昊玥

采访时间：2023 年 2 月

采访地点：江苏省军区无锡第一干休所

　　我叫张萍，1926 年 1 月出生于平湖钱氏老宅。我的家族礼教很多，长辈却并不排斥女儿上学。小时候，我在当湖小学读书，知书识礼。然而，平静的生活很快被打乱。1937 年，战火蔓延，我的祖父特地置办了一艘大船，带着几十口人往西逃难，一家人没有目的地，四处漂泊，只等到形势稍有好转，再转回到平湖。我的孩提时代，是在战乱中度过的，逃难的日子让我无比渴望和平与稳定。

　　读中学时我没有钢笔，我的姑父王善业就买了一支赠予我。送我笔的那天，姑父与我进行了一次谈话，帮我树立了"为中华之崛起而读书"的志向。时隔多年，谈话的具体内容我已经记不清了，但我仍记得当初立下的志向，也对姑父充满了感激和敬仰。他是我的启蒙老师，也是我一辈子的人生导师。

1949 年 5 月，上海解放。随着解放军的有序入城，城市面貌焕然一新，不少高校的学生受到感染，对部队产生了向往。当时我还在上海立信会计学校念书，看到街边的电线杆上张贴了征兵告示——"第九兵团招知识青年"，立马决定报名参军。

参军后，我所在的部队里南方知识分子比较多，部队举办了两期知识青年训练班。我是学生出身，于是顺利参加了第一期训练班，接受军事训练和政治学习。在培训班里，我学习刻苦，每天都在吸收新的知识，得到了快速的成长和进步。1950 年 11 月，我随部队开赴朝鲜战场。

我接到命令的时候，也不知道要去做什么，就直接跟着部队北上了。当时走得急，鞋子、袜子往身上一挂就急行军开拔，根本来不及做心理准备和物资准备。从上海出发，两天两夜才到山东曲阜，再往北到了沈阳。到了沈阳以后，作为会计科唯一的主会计，我接到了命令，将 4 个军团、7 个单位的现有账目全部封存，并且重新为部队建账，新账本要求数目清晰、简易便携。而后不久我才知道，我们的部队要赶赴朝鲜一线。

在朝鲜战场上，志愿军面对的困难，除了敌人，就是后勤物资保障问题。艰苦的长津湖战役，就是以我所在的第九兵团为主力的一场战役。惨烈的战役之后，我深知物资保障的重要性，作为主会计的我，立志要用尽毕生所学，盘好一线钱粮物资调度这笔账。刚到一线的第一个月，我就接手此前作战部队的所有账目，一笔一笔梳理，并用一种规范、简易的记账方式，极大地帮助了一线物资的调度。看到清晰的账目，当时一线的后勤干事眼泪都下来了。他们说："这些不是账，是一线战友作战的底气。"

我们在朝鲜的时候，气温低至零下几十度。战士们没有厚棉衣，根本无法抵御寒风，战士们的帽子上、眉毛上、睫毛上全是厚厚的冰。在敌军拥有制空权的抗美援朝战场上，以美国为主的"联合国军"的飞机哪怕看到一只兔子，也会不惜弹药加以消灭。因此，我所在的后勤部队白天只能躲在山洞里面，到了晚上才能出来运输，运输军用物资的车辆也都是晚上行驶。没有路灯，就靠打手电筒，避免大范围光亮。晚上一旦有敌机飞来，哨兵立即鸣枪示意，大家听到后就立刻把手电筒、车灯全部熄灭，披上随身携带的一块白布，隐身雪地中，让敌机找不到目标。美军的探照灯一遍遍扫过，照得雪地如白昼，等到敌机飞走了，战士们才爬起来继续前进。

在一次运输朝鲜钱币和部队账本时，我们遭遇了美军飞机的疯狂轰炸，一车的钱币、账单都被烧毁，如果不能理清楚，既无法向组织交代，也将弄乱一线补给。最后，我凭着记忆，把部队来往钱款账单全部回忆出来，重记账本，一分不差。当时，我成了兵团首长们公认的"宝贝"，提起我来无一不称赞一句："会计处的那个丫头，记账厉害！"

有一次，我所在的队伍遇到空袭，男战士都下车离开公路向两边跑，而女战士缺少战地经验，只知道沿着公路往前跑。飞机俯冲下来扫射时，我和另外两名女同志叠罗汉似的卧倒在一个弹坑里，平行的两架飞机机枪扫射地面溅起的泥土灰尘把我们埋了起来。庆幸的是，我们3人就这样毫发未损地存活了下来。而其他女战友则没有如此幸运，离我们不远处，两位叠卧在一起的女战士被一颗子母弹打中，当场一死一重伤。那是我第一次真切地感受到死亡原来离自己这么近。战火中，我所在的部队，白天躲避攻击，晚上运送物资。藏山洞、卧雪地……像我一样的后勤战士不计其数，他们用鲜血和生命筑起一条条宝贵的运输线，保证了志愿军急需物资能够源源不断输送到前线。

战争进入尾声时，第九兵团回国休整，而我却没有离开朝鲜。当时的志愿军后勤部将我留了下来，分配到第四分部供给处，继续发挥特长，负责钱粮账目的清算与战后扫尾的后勤工作。

1953 年 7 月 24 日，中国人民志愿军司令部、政治部颁发的革命军人立功喜报

张萍珍藏的抗美援朝纪念物品

1953 年，由于在物资保障中贡献突出，我荣获了个人三等功，作为后勤人员被授奖。志愿军总司令部向我的家人送出了一份《革命军人立功喜报》，这张喜报被送回了平湖南河头混堂弄 44 号的钱宅中，但我本人直到 2018 年才见到这张喜报。

张再荣口述资料

口述人：张再荣

采访整理人：李文嫣、赵星星

采访时间：2023 年 10 月 18 日

采访地点：平湖市乍浦镇庆元路

老战士档案

张再荣，男，1930 年 5 月出生，浙江平湖人。1951 年 3 月参军。1952 年入朝。1953 年 11 月回国。

　　我叫张再荣，1930 年出生。小时候没怎么读书，小学二年级没读完就开始在田里干活。1951 年，国家号召参加抗美援朝战争，我就和村里的其他几个人一起到平湖天主堂报名，验身体、测文化水平。我们村一共有 8 个人合格，一起参了军。当时去当兵是要保家卫国，所以我们已经做好了牺牲的准备，那个时候，去当兵就知道是要去牺牲的。

　　当时部队里小学程度的人也很少，基本上是文盲，很多人连自己名字都不会写。我读过一两年书，认识几个字，算是有点文化的，所以部队就把我从 8 个人里调出来了。他们 7 个都去了海军，我去了陆军部队，在乌镇北面剿匪，1951 年底调到了空军部队。在陆军部队的时候，我就开始学习，努力读书，晚上还在肚子上练字。

我是 1952 年八九月去的朝鲜，当时上甘岭战役还没打，我在雷达站工作。当时我们雷达站的人都是乘火车过去的。我们跨过鸭绿江，到了一个离上甘岭十三四里路远的地方，地名已经记不清了。那时候当地的老百姓都是难得看到的，我们和他们接触不多，我们也不能随便打听。

我们一个雷达站有 40 多人，驻在一个小山边上。那是在一个山沟里，汽车、坦克、新的炮有时候也会掉下来，掉下来也不会再去取回来。汽车如果没有办法修了，就扔到山里，因为后面的车会被挡住路。

我们雷达站的雷达可以侦察的距离应该比较远，具体我也不是很清楚。部队里有纪律，这些事情是不可以打听的。当时我们用了两三小时刚装好雷达，就被美军飞机发现炸掉了，炸掉之后我们就重新再拉起一个。因为预备的雷达都是有的，炸掉就再拉一个上去。

当时美军打仗刚开始用的是大炮，大炮打好之后有时候飞机扔炸弹，炸

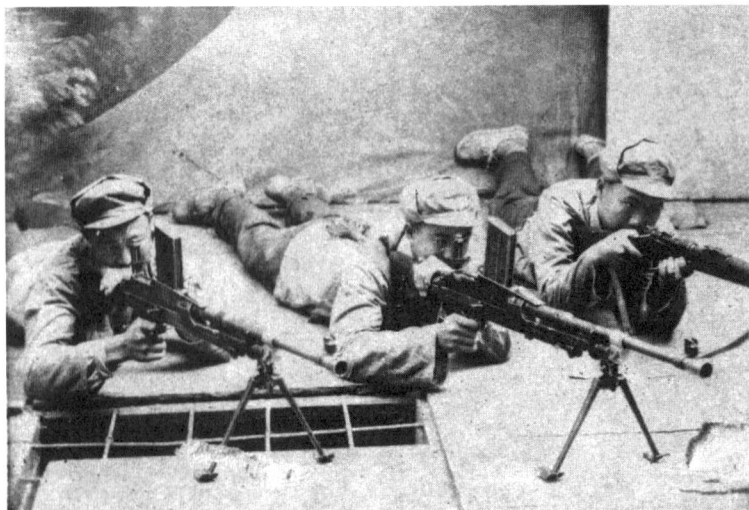

训练中的张再荣（右一）

弹扔好之后是坦克，最后步兵才上来。有时候白天打，有时候晚上打，打一会儿停一会儿，不是一直"砰砰砰"打，是打一阵停一阵。我们听到炮声响起了，就知道又开始了，所以我们虽然在雷达站，但是打仗的情况也都是知道的。有时候在那边看到被炸飞的手臂挂在树上，真的是很残酷。

有一次遇到美军飞机轰炸，我和另外两个人——其中一个是负责发动机发电的，没地方躲，就躲在3棵大树下面，其他一些人都躲到一个隐蔽的山洞里，结果被美军飞机炮弹打中，其中四五人被打死了。我们3个人躲在大树下面以为会死，结果反而没死。

当时在朝鲜苦是蛮苦的，冷也是挺冷的，零下30多度，有时零下40度。记得最冷的时候，我的膝盖以下是没有感觉的，用针去扎也不疼，被冻僵了，但又不能用火烤，因为用火一烤就残了。

我当时还是给养员，负责买菜、领东西，缺什么领什么，有什么领什么。我们那里没有司务长，发工资也是我去领的。大部分都是吃压缩饼干、糙米。领的地方和陆军是在一块儿的，因为我们单位小，就一个雷达站，40多个人。但他们还是比较照顾雷达站的。我记得还领到过几次大米，领到过四五次罐头。我们这个站，当时领导看得很重，说一定要照顾好雷达站，虽然人少，但都是知识分子，所以罐头都领到过好几次。别的部队每人2个罐头，我们每人有4个，比他们要多一些。当然不是每次都领得到的，空手回来也有，领得到东西就吃一点，不是想吃什么就能吃的，大米很少，蔬菜更少，经常吃炒面，有时没有水，只能抓一把炒面抓一把雪，所以吃得很苦。我刚开始从部队里回来的时候胃很不好，现在好一些了。

去领东西的路上，美军飞机很多，偶尔也会碰到飞机扔炸弹，一旦碰到只能避开，运气不好的话就会被炸到。有一次，我去领东西，走在半路上，美军飞机在轰炸，由于一个人目标小，敌机用机枪扫射了一下就飞走了，所以我没有受伤。

虽然去领东西很危险，但是也不害怕。当时去当兵的时候怎么会想到还能回来呢？没人想过还能活着回来，只是不知道到底是今天死还是明天死，吃了中饭不知道能不能吃上晚饭，更不要说明天了，有的新兵上战场第一天就牺牲了。

我们是 1952 年八九月去的，大概是 1953 年 11 月初回来的，就待了一年多一点。

张泉友口述资料

口述人：张泉友

采访整理人：李文嫣、赵星星

采访时间：2023 年 10 月 17 日

采访地点：平湖市新仓镇三叉河村

老战士档案

张泉友，男，中共党员，1931 年出生，浙江平湖人。1949 年 8 月参军，在中国人民解放军 30 军 90 师政治部当勤务兵。1954 年 5 月入朝，任志愿军坦克独立第五团坦克车车长。1957 年 8 月回国。

我叫张泉友，10 多岁时做学徒学理发。1945 年，上海奉贤南汇有新四军，14 岁的我就想去部队当兵。我到了部队，部队首长说我太小了。那时候我还没有步枪高，另外他说他们部队马上要到苏北去抗战，我的年龄太小，所以没有收我。

1949 年 5 月，上海解放。8 月，我就和其他两个人一起到奉贤南桥参军。当时南面的广西等地都还没有解放，所以只要年龄符合，验一下身体没毛病，他们就接收，部队兵越多越好。到了部队后，我先是当步兵，在 30 军 90 师政治部当勤务兵，做杂务工作。1953 年，从连里调去当坦克兵。我们部队在江苏徐州一个叫贾汪煤矿的地方训练，就像现在部队训练一样。

1954 年 5 月前后，我们整个团被调到朝鲜，去接替从朝鲜回来的部队。

当时部队的组织纪律很严，要到哪个单位或者哪个连队，不是想去就能去，都是统一调动，统一安排的。

我们整个团一起坐火车去朝鲜，到朝鲜之后就是中国人民志愿军坦克独立第五团。那时朝鲜已经停战了，所以我们在朝鲜就是战备训练。停战后敌人的飞机不敢来，飞过来属于侵犯了朝鲜人民军队的领空，来的话我们有炮兵进行射击。就像现在这样，美军飞机随便飞到中国是不行的，属于侵犯我们的领空，我们就要警告他。所以停战后，在朝鲜，美军飞机不敢来志愿军和朝鲜人民军驻守的地方，如果过来我们就要打掉。

我们到了朝鲜平安南道殷山郡。刚到朝鲜的时候还是很艰苦的。朝鲜到处都是山，没有房子，当时朝鲜人民自己住的房子都非常紧张。我们就住在自己挖的山洞里。山洞里很潮湿，经常滴水，不像现在这么干燥，有时候我们自己睡的地方要用油纸把水挡起来。其实长期住在山洞里容易得关节炎。1955年起，我们就自己盖房子，自己做砖头、做瓦。军队里面什么人都有，木匠也有，所以房子完全是我们自己造的。房子盖好后，在朝鲜的志愿军基本都从山洞里搬出来了。不管是我们坦克团还是步兵团，军队都统一从山洞里搬出来，住进了自己造的营房里，开始准备战斗训练，时刻做好一级战斗准备，随时可以拉出去，随时可以打仗。

冬天部队也要开展训练，不能停。部队训练都是有计划、有科目的，比如星期一进行基础训练，星期二进行炮击训练，还有通信训练、无线电训练……都按照科目表进行，训练的科目一个礼拜定一次，由连里制定好统一发到班里。所以这个星期做什么工作在一个星期以前就知道了。

当时，一辆坦克有5个人，等于现在部队里的一个班。车长进行指挥，我就是车长，相当于部队班长。另外还有炮长，炮长专门管打炮、开炮；有驾驶员，负责驾驶；有无线电员，负责坦克里面的无线电通信；有装弹手，负责装炮弹。5个人由车长统一指挥。

我们开的坦克是苏联支援我们的 T-34 坦克。一辆坦克重 32 吨，坦克上有一门炮，炮是 85 炮，口径是 85 毫米。炮弹有榴弹炮，有穿甲弹。榴弹炮专门炸开敌人的地堡或者散兵；穿甲弹是专门打敌人坦克的，坦克门钢板厚，机枪打不穿，要用穿甲弹才能打穿。还有一种特种穿甲弹，是穿甲弹和别的炮弹的结合。因为坦克是钢的，炮弹打的时候容易滑过去，这个特种穿甲弹打过去后会有一个圆球吸住坦克,炮弹里面还有一个小弹和尖刺,可以攻进去。坦克里除了一门炮以外还有两挺轻机枪，是无线电手负责操作的，只要看见前面有敌人的散兵，就可以用机枪打。

当时指挥都是通过无线电台，上面用电台指挥车长，车长用玻璃上的望远镜看出去。坦克的玻璃只有一点点宽，基本上是防弹的，子弹打不进去。望远镜镜片上有一个标尺可以进行测量，车长通过测量指挥炮长，比如前方发现敌人坦克、步兵，或者装甲弹距离 1800 米或者 2000 米远，在正前方或者右前方或者左前方。炮长在无线电台听到车长指挥以后马上进行标测，左前方炮就往左挪动，右前方炮就往右挪动，如果车长需要停车，就告诉驾驶员，如果需要开炮就告诉炮长。发现敌人坦克要装打坦克的穿甲弹，打敌人散兵也就是普通的步兵或者是普通的堡垒，就用榴弹，装弹手听到车长发出命令后，拿起炮弹马上装弹，车长指挥用啥炮弹就装啥炮弹，装好以后装弹手马上说："装弹好。"然后炮长瞄准，进行开炮。坦克有时候一边前进一边开炮，无线电里炮长发了口令给驾驶员，让他暂停，驾驶员马上把车停下来。但是停下来的时间不会太长，在战斗中暂停不准超过 8 秒钟，长时间停下来容易被敌人发现，所以停的时间也是有规定的。

坦克发动起来声音很大，车里面讲话大家都听不见，所以要用帽子上的耳机和喉头送话器，通过坦克里面的无线电台进行指挥。耳机戴在耳朵上，喉头送话器在帽子上，只要把它两边拉下来扣牢就戴好了。说话时喉部震动，我们讲话它就震动，声音就会通过电台传出去。

坦克的发动机有500马力，有12个气缸，温度非常高，冬天里面很暖和，夏天就比外面温度还高，热得很。坦克里有两个小电风扇，夏天风扇要打开，否则人要闷坏的。训练的时候门都要关牢，像战斗时一样，万一敌人炮弹打过来，坦克门开着是不行的。另外，进入坦克后还要戴上坦克帽，坦克帽比现在冬天戴的摩托车帽子还要厚。如果不是这么厚，就算用海绵护起来，坦克在开的时候万一头撞在钢铁上，也是要撞开的。所以开坦克必须戴好坦克帽，全部保护好。炮长要去摇动炮，既要控制方向，又要顾上高低，所以坦克里有两个摇动的东西，有摇动高低的，有摇动方向的。坦克的门不大。驾驶员和无线电员从车子前面的门进去，无线电员先进去，坐到座位上，然后驾驶员再进去把门关牢。车长、炮长、装弹手从上面的门进去。进去的时候要快，几秒就要进去，战斗训练动作越快越好。

每个星期五，我们要保养武器和坦克。坦克用也好不用也好，停在那儿，每个礼拜都要擦拭一次，机器也要发动一次，如果不进行擦拭和发动，万一战争突然爆发，马上要开起来，车子有毛病开不动是不行的。哪怕不发动，一个礼拜也要换一次润滑油，发动机里的炮和枪也要擦拭，保证没有毛病。平时坦克是不开动的，开动一次的价格很贵，有机器的磨损、油的消耗，所以平时不进行战斗的时候坦克就停在那里。

坦克兵的衣服都不是大袖子，而是要收紧袖口，方便操作。坦克前面的门，刚好够驾驶员进去，大袖子的衣服进入时容易被刮到，所以都是紧袖子，衣服基本是夹克式。

在朝鲜，我们跟当地老百姓很少接触。我们忙于训练，有什么事情就找部队上级领导统一处理，普通的军人和老百姓接触不多。吃的是从祖国运过

来的，祖国老百姓吃什么，我们也基本上吃
什么。

1956 年，我加入了中国共产党。当时部队
里也发展党员，在部队不仅要表现好，工作积
极，还要看政治表现和学习，表现好组织就会
来教你党的基本知识，培养你入党。

在朝鲜，部队里大家互相帮助。有缺点，
同志之间互相帮助改正，比如在说话方面或者
在工作方面有缺点，同志之间马上就提出来，
用不着上级来批评。党员之间开展批评与自我
批评，比如训练上不努力、不专业，生活上拖

1955 年 12 月 31 日，中国
人民志愿军坦克独立第五团
司令部、政治部颁发的奖状

拉、散漫，马上就有人提出批评。有优点也互相表扬。部队里过去有墙报，
有什么缺点，就有同志在墙报上写文章批评；哪个地方做得好，墙报上就表
扬。在部队的生活比在地方要紧张。我们在部队时，星期一至星期四进行训练，
星期六进行党员、团员活动，组织生活还是非常严格的。

1957 年 8 月，我们坐火车从朝鲜回来，在朝鲜待了大概 3 年。因为家在
平湖，1970 年我从吉林调到平湖。出于身体原因，我到 1982 年就退休了，
一直住在新仓。我儿子工作后也去当了 3 年兵，还有个孙子也去当了兵，家
里三代从军。

金明洹口述资料

口述人：金明洹

采访整理人：李文嫣、赵星星

采访时间：2023 年 10 月 11 日

采访地点：平湖市钟埭街道兴平颐养园

老战士档案

　　金明洹，男，1934 年出生，浙江平湖人。1950 年 4 月参军，编入中国人民解放军 27 军教导团 2 营（政治营）7 连。1950 年 11 月入朝。1952 年 10 月回国。

　　我叫金明洹，1934 年出生，今年 90 岁（虚岁）。1950 年 4 月前后，我虚岁 17 岁，在读初二，和另外两个同学一起参加了当时驻守在平湖的 27 军部队。那时刚解放，部队要招一批有知识的人，所以开办了知识青年训练班。当时部队驻守在平湖现在的叔同公园所在位置，我们就是在那里参军的。后来我被编入 27 军教导团 2 营（政治营）7 连，里面大多是来自平湖、上海的初高中文化程度的青年。

　　抗美援朝前一两个月，我们搬到了嘉兴东大营，驻守在那里。后来部队坐火车去了山东泰山脚下，不久接到通知要到朝鲜。我们教导团负责送新兵。部队先到了齐齐哈尔，被分配在东线部队。东线部队是没有车的，当时水很浅，水流很急，河里面有一块块圆墩的大石头，我们就踩着石头走过去。我们是悄悄地过去的，走的时候是晚上。

我们经历了第五次战役。在战场上我当过通信员。当时美军打闪击战，我们只得撤退，要翻山越岭，通信员都没有了，我就去当通信员了。另外，我还背过伤员。那时我18岁，个子比较高，不然也背不动伤员。当时有两个伤员，我就负责背其中一个。这个伤员一点力气也没有，扶不住他，一定要背着走。伤员的脚拖在地上，很痛苦，见天晚了，他对我说："小同志，咱们休息会好不好？"我说"好"。后来我问其他同志，他们说不休息了，就住防空洞那。那会儿一定要到防空洞，防空洞外面不安全，洞内稍微安全些。我背的那个伤员到第二天就牺牲了。我原来胆子很小，从那以后，在很暗的地方一个人也不怕了。

朝鲜的冬天，气温有零下三四十度。其实很多伤员都是冻伤的，脚和手都冻坏了，我的手也差一点冻没了。有一次，我早晨打水洗脸，就用一根绳子把井桶吊到井里。因为我不懂，拉上来后就用手去拎井桶，手被粘住了。

金明洹的中国人民解放军预备役军官兵役证

其他同志看见以后，说"别动别动"，让我把手和桶一起放在脸盆里，进屋子里让它自动化开，否则这个手要残废掉了。

那个时候敌人的飞机打过来，嚣张到什么程度呢？我们是在山上，人趴在战壕里。他们的飞机飞得很低，在山沟里不断搜索。飞机里的驾驶员，我们都能看见。后来有个战士看他太嚣张了，拿起枪"啪"的一下给打死了，敌机也就不敢来了，这是我亲眼看见的。我们文化教员没有步枪，只有手枪，手枪不能打，一打就会暴露目标，而且不太打得到。手枪也不是全部有，有人要出去，就发一支手枪。

第五次战役将战线稳定在"三八线"附近。战役结束后，我们就休整。休整期间，我回了文工团。文工团要做好多工作，有的在机关里，有的在连队，有的去运输队。分在运输队的比较多，因为每一辆汽车都需要一个汽车引导员，引导员坐在副驾驶的位置上。爬山拐弯时，一面是河一面是山，一不小心容易掉下去。我分在连队的时候，教同志们集体唱歌，当时唱"三大纪律八项注意""向前向前向前"这些歌来鼓舞士气。有一次，部队在打阻击战，我们下连队去慰问，在战壕里宣传，打打快板。突然遇到敌人打上来，我们就直接拿起枪来跟他们打。战地里总是有枪的。

1952年10月，我从朝鲜坐火车回国。我在部队8年，1958年复员，回到平湖。

顾治修口述资料

口述人：顾治修

采访整理人：李文嫣、赵星星

采访时间：2023 年 10 月 10 日

采访地点：平湖市城南新村

老战士档案

顾治修，男，1932 年 8 月出生，浙江嘉善人。1950 年 4 月参军，后任中国人民解放军 24 军 231 团司令部文化教员。1953 年 4 月入朝。1953 年 7 月回国。

我叫顾治修，今年 92 岁（虚岁），在嘉善西塘镇出生，我的祖上是做生意的，我父亲在我 7 岁不到就去世了。我家一共 3 个子女，我还有一个姐姐、一个妹妹，我母亲勉强认识几个字，把我们 3 人抚养长大。我远房的叔父喜欢文艺，比如书画、剧本创作等，我也受到了他的一些影响。

1950 年 4 月，我参加了解放军，考进了当时的华东军区 24 军的教导大队，就是部队的军校。选择读军校是因为那时候年纪轻，有好奇心，看到部队欣欣向荣，打仗很勇敢，就想去参加军校。在军校，主要是学政治思想，改造世界观，学习为谁打仗——为百姓打仗，为我们国家打仗。再就是学习基本的军事技能——怎么打枪、怎么行军、怎么打仗，飞机来轰炸时怎么防御，炮弹轰炸过来要怎么防御，等等。

我在军校读了半年多就毕业了。毕业后根据表现进行分配。分配面是很广的，有的分配到后勤部门，有的分配到医务部门，有的分配到文化部门等，表现比较好的就留在司令部、政治处。我被分在了司令部，先后在江苏徐州、安徽等地方的陆军司令部、政治处工作。

后来抗美援朝战争爆发，我们的部队就调到东北驻扎。任务是随时随地准备支援朝鲜。什么时候有需要，我们的部队就什么时候出去。1953 年 4 月前后，要打金城战役了，我们的部队就调到朝鲜去了。

当时，美军飞机可以说是狂轰滥炸，整个空中优势都被他们掌握着，他们想要什么时候派飞机过来炸就什么时候过来炸。我们去朝鲜的部队，白天不可以行军，只能晚上行军，一般是吃过晚饭开始走，一直走到第二天早上天蒙蒙亮，然后坐下来睡觉。白天睡觉，晚上走，第二天吃过晚饭再走。就这样一步一步，全靠走，而且部队行军是没有灯光的，都是在黑暗中摸索前进。当时汽车不能开，美军飞机看见汽车会立刻丢炸弹炸掉。所以我们都是晚上行军，很艰苦。

那时候，我是文化教员，白天负责到前线去打前站，为后面的部队找宿营地，所以我必须白天走，而部队必须晚上走，因为白天走的话一旦暴露目标就会被美军轰炸。有一次我刚刚走在公路上，突然几架美军飞机来了，美军飞机一见到人不是轰炸就是扫射。当时我根据防空知识，马上躲到公路旁边的沟里，没有被炸到。后面有一个通信班，十几个人，刚刚到这个地方，还没反应过来，就被一颗炸弹全部炸死了，这是我亲身经历的一次轰炸。

我们去的时候，朝鲜正好是雨季，一直下雨，我们为了隐蔽起见，都在山沟沟里走路。有的地方公路被炸了，走不过去；有些地方公路不通，也不能走。山沟沟里都是水，有时候都没过了膝盖，衣服都湿透了，部队只发了一张军用的毯子作为雨衣，但只能遮住上身，因为它像一块油布，大概一米半见方，膝盖以下遮不住，一下雨裤子都是湿的，等于膝盖一直在水里。这样走走停停，一直走了将近一个月。我的腿就是因为当时一直浸在水里，受风湿得了关节炎，一到阴天就疼，到现在仍然疼。

到了目的地金城附近，我们就开始休整。我们的部队参加了金城战役。金城战役就是在"三八线"附近打的。我当时是在司令部，所以不上前线，打仗是连长、营长指挥部队在前线打。

金城战役的时候，部队在山上跟美军打，打了整整一晚，炮火连天，整个天空都照得血红血红的。部队在山上打，我们就在山底下，上面需要多少人，我们马上支援上去多少人。打得伤亡重了，再支援一批上去，就这样一批一批地支援上去。到了第二天，部队下来了，伤员不是缺胳膊就是缺腿。有的已经死了，就用白布包着运回来。我们的伤亡很大，当然对方的伤亡也很大。当时敌人一冲上来，我们就要打退他。洞里不能打，因为炮弹威力很大，我们就跑到洞外打。我们兵力多，对方有 1000 人，我们出 10000 人来打，相对顶得住。

敌人靠自动化的先进武器，而我们刚刚开始部队建设，没有那么先进的武器，只能靠苏联支援我们的武器，这些武器都是苏联二战结束后替换下来的。在苏联支援之前的那些武器，还要差，都是从国民党那收缴过来的，各式各样的都有，日本式的也有，都是杂牌武器。当时苏联支援了我们几个高炮营，高炮营都是三七炮，只能打距地面 5000 米以内的飞机，低空的飞机可以打，高空的飞机打不到。

那时美军飞机速度很快，并且有机关炮，炮弹还很长，只要被打中，人就没了。美军还不分昼夜地侦察，看看下面有没有动静。那个时候我们的防空力量很弱，美军飞机随时随地到领空上找目标轰炸。后来我国努力建设空军是有道理的。

金城战役那会儿，因为我们的运输线一直被美军控制，只能晚上运输。包括炮弹、后勤物资，吃的、用的，还有兵源，完全靠晚上运输过去。运输物资要靠汽车，铁路也不通，铁路就通到跨过鸭绿江后的第一个站，叫阳德。到了阳德后，铁路就全部被炸断了，我们恢复好后马上又被炸断，美国不让中国运输东西过来，所以只能靠汽车。汽车的容量很小，当时苏联支援我们的小型汽车分嘎斯、吉斯两种，吉斯要大一些，嘎斯要小，只能载 3 吨左右的物资，根本来不及运输。打一仗，炮弹、炸弹消耗很快，几十车的炮弹不经打，"轰轰轰"很快就打完了，后勤供应来不及，弹药紧缺，而且运输路线也不方便，从东北运过来一直受阻。而美军有的是物资，他们在仁川登陆。仁川港是个码头，运东西上来很方便。在南朝鲜，釜山也是个码头、港口，又可以运东西上来。他们陆运、空运、海运都可以，而我们不行，我们只能正面避开他们，在某一个地点打消耗战。

当时部队运输都是在晚上秘密进行的，不能被敌人知道，被他知道后就要狂轰滥炸。但晚上毕竟不好走路，车灯也不能开，车灯一开，敌人发现马上就要来炸，所以是摸黑过去的，车子也开不快。从东北到金城有很长一段路，所以那时候的物资很紧张，经常断粮。有时候行军时身边带了一些干粮或米之类的，但是吃不了几天就没有了。附近如果有兵站，有储存物资的，可以到兵站里去提取一些物资。如果没有兵站，就没有饭吃了，要饿肚子了。

朝鲜这个地方，当时已经打得一塌糊涂，没有一座好的房子，不管城市还是农村，大部分都炸光了。老百姓都躲在树林里面，没有地方找吃的，有时候只能到兵站附近去弄粮食或饼干等。

我们吃的压缩饼干都是硬邦邦的，但只要能填饱肚子就行，蔬菜是吃不到的，只能去地上挑野菜吃。但野菜也不是都可以吃的，有毒的不能吃。那时候经过试验，发现有四五十种野菜是可以吃的，可以补充维生素。不吃蔬菜，容易得夜盲症。部队到一个地方，就去挖野菜，挖到后大家就有蔬菜吃。那时候有一种菜叫弯弯（音）菜，我们这里也有，叶子上面是绿的，下面是灰白色的。这种菜很多，我们经常去挖来吃。

在朝鲜，我们只能躲在坑道里。坑道有的是自然形成的洞，有的是人工挖的，因为都是石头，挖不动，所以都不是很深，最多能躲几个人。一下雨洞里也会有水，山上的水流淌下来，把我们都浸湿了。那会儿吃也吃不好，睡也睡不好，再加上环境很差，还是很艰苦的。

金城战役打到最后，双方相持不下。美军集中了大量的部队，我们志愿军也集中了大量的部队，都在金城这个地方。拉锯战中，双方兵力消耗很大。但我们人多，抗美援朝动员参军的时候，参军的人是很多的。当时，我们部队来了一批安徽的新兵，有几千人，小青年都要保家卫国、志愿参军，热情很高。金城战役结束后就停战了，我们的部队后来就逐步回到国内。

在朝鲜时我年纪轻，20岁左右，那时候凭一股热情往前冲，就知道抗美援朝、保家卫国。在这样的心态下，也无所谓怕什么，恐惧的心理也没有，最想到战场上、到第一线去战斗。

那时候我还立了三等功，主要是因为在部队里表现比较好。部队训练的时候，我做政治宣传，宣传抗美援朝的意义来激励部队的士气，使他们安下心来。部队里大部分是从安徽、山东等地征集过来的新兵。新兵到了部队之后，要对他们进行训练，不训练怎么能去打仗呢？从学会打枪到稳定思想情绪，都是很重要的。如果思想上不行，一听到枪声就逃，那么兵源再多也没有用。所以我们就是帮助做思想工作，办一些文艺活动，编一些教材在部队里宣传，使他们的思想稳定下来，把抗美援朝的士气激发出来。连队有指导员，但是光靠指导员一个人也不行，要靠我们这些工作人员到排里、队里去做工作。

1953年12月，中国人民解放军华东军区第三野战军司令部、政治部颁发的革命军人立功喜报

我在朝鲜待的时间不长，有三四个月，停战后的7月底就回来了。

徐步行口述资料

口述人：徐步行

采访整理人：李文嫣、赵星星

采访时间：2023 年 12 月 7 日

采访地点：平湖市新华东村

老战士档案

徐步行，男，1928 年 8 月出生，浙江平湖人。1950 年 3 月参军。1951 年 10 月入朝，在志愿军第九兵团新兵团 2 营 5 连 3 排担任副排长。1952 年回国。

我叫徐步行，今年 96 岁（虚岁），老家是新埭的，出身于书香之家。我从小在上海读书。那会儿，我父亲是上海海关二等税务师，退休后他回到平湖买了房子。

我是中学毕业后，应该是 1950 年 3 月，到上海松江参加解放军的。那时年轻人响应祖国号召，都要去参军。当时第九兵团教导团在松江办了一个知识青年训练班，我就到那边去学习。学完后当了文化教员，之后北上去往东北集结，后来就当了志愿军。

去朝鲜前，我在辽东训练，我们部队的主要任务是去朝鲜送新兵，送到目的地之后就返回。送一趟要 3 个月。当时我们从辽东的一个千户屯出发，坐着瓦罐车去安东（现丹东市），过鸭绿江大桥。出发前，我已经做好了牺牲的准备，除了带去朝鲜的一个米袋、一个水壶、一个背包，其余的都打包留在东北并在上面写好"浙江平湖后街88号"——我家的地址。去之前我们还要先学一些日常要用的朝鲜语，称呼爸爸、妈妈、大嫂子的朝鲜语要学会，"吃饭"这个词的朝鲜语最重要，也要学会。此外，我们还学会了唱《金日成将军之歌》。

1951年10月1日，我们唱着中国人民志愿军战歌跨过了鸭绿江，赴朝鲜参加抗美援朝战争。

一跨过鸭绿江，就看到被我们打下来的美军飞机掉在水里，颜色是灰色的，蓝色的底，白色的星。掉下来的那个位置离中国很近了。我们在朝鲜晚上要巡逻、放哨，那时我们北边也不望，东边也不望，就朝着西边望，因为我们祖国在西边，朝西边望能看到我们祖国的灯火，那时我也会想起我的父亲、母亲，想他们应该都睡觉了，而我还在这里站岗。但我觉得这是应该的，因为我是中国的公民，是为了抗美援朝、保家卫国，看着我们的祖国我感到很骄傲。

我当时是志愿军第九兵团新兵团2营5连3排副排长，负责将40名福建过来的新兵送到花满里（音）。这40个新兵过来的时候没有花名册，没有名单，也不知道名字，我们就认准几个班长。他们说福建话，福建话我们一句也听不懂，只能让他们说普通话。美军还不时在飞机上喊话让我们回去，飞机上还会撒下来一些传单。

朝鲜很冷，那种冷跟我们东北不一样。朝鲜当时的气温在零下40度左右，行军完全靠步行，用脚在冰天雪地里走出一条路来。我还是很幸运的，我的一些战友就冻死在战壕里了。当时最大的困难还不是天气因素，而是在一路行军的过程中，美军的飞机随时都会过来轰炸。如果美军飞机来了，我们坐着的就坐着，站着的就站着，一动也不能动，不然会被发现的。

有一回，我们到粮库里去领粮食。回来的时候，美军的飞机"呜呜呜"过来了，机枪"噔噔噔"扫了一下。当时我们都趴在米袋上，一动也不动，机枪"噔噔噔"又扫了一下，我们还是一动不动。如果被枪打中了，流血了，也不能动，动了以后美军就会看到下面有人，开始轮番轰炸。

为了躲避敌机的轰炸，我们白天休息，晚上行军。白天，我们在防空洞里学习、唱歌，

徐步行在朝鲜的留影

唱志愿军战歌、解放军进行曲等歌曲。晚上，我们就出来了。在高海拔的山区，队伍夜间行路，不仅格外寒冷而且容易迷路。为了避免掉队，我就指挥大家抓住前面战友的背包一步一步往前走。就这样，一个长队在荒山野岭走了20多天，走到一个叫花满里（音）的地方，还有一个叫温井里（音）的地方。温井里有泉水，泉水温温的，可以洗澡。冬天有水汽，我们上去的时候不知道，慢慢地往上走，感觉就像走在云里。我们就住了一段时间，回来往下走的时候，走了半天才走到平地上。将这批新兵送到指定地点后，我就回到了东北沈阳，在部队设立的妇女干部学校教书。

当时我很幸运，回来了。有些战友却没有回来：我们的指导员王志亮（音），说话有点苏北口音；连长姓鲁，是南方人；北台弄有一个叫朱菲的女兵，到朝鲜后，被汽车轧死了。虽然已经过去70多年了，但是现在想来也还是觉得惨痛。在朝鲜，我们牺牲了不少战友。最近电视里在报道第十批抗美援朝英雄的骨灰回来了，回到了祖国，安葬在沈阳。把他们都安葬好，这是我

们祖国对抗美援朝志愿兵的关心和重视。我感到很光荣，说起祖国我感到很骄傲！

1954年，我转业到了山东德州，从事文教工作，后来在邹平文化馆工作。4年后，也就是1958年，我回到了平湖。现在国家给我养老金、津贴，还给我荣誉，给我挂了光荣牌。我对国家没有什么大的贡献，就是一个兵。我很幸运，平平安安回来了。我送出的40名新兵因为不知道名字，至今都不知道他们是否平安归来。如今，逢年过节，我总会做几个灯笼，是对战友的祭奠，也是对祖国的祝福。

崔广胜口述资料

口述人：崔广胜

采访整理人：李文嫣、赵星星

采访时间：2023 年 11 月 21 日

采访地点：平湖市乍浦镇长丰花苑

老战士档案

崔广胜，男，中共党员，1932 年出生，安徽铜陵人。1951 年初参军，后参加抗美援朝，在志愿军 27 军 81 师 243 团后勤处做担架兵，后担任通信员，司务长。1953 年 2 月回国。

我叫崔广胜，今年 91 岁，1932 年出生。参军之前是农民，老家在安徽省铜陵市。当时刚刚解放，朝鲜战争爆发了，国家号召"抗美援朝，保家卫国"。那时我们一个村里，虚岁 18 岁到 25 岁、身体条件比较好的，都集中起来培训学习，后来基本都被录取了。不久就通知新兵参军，我们就参军了。所以我是 1951 年参军的。

当时国家刚刚解放，很困难，枪支弹药都是从日本军队、国民党军队那里缴来的。我在新兵营待了 2 个多月，后来等到了上级的通知，让安徽全省的新兵先集中到芜湖，然后全国所有的新兵统一到抚顺市集中。

铜陵那边没有火车，只能乘轮船，也就是现在的小木船。那会儿也没有汽油，就靠手划。到芜湖就有火车了。我们集中以后，等了几天后就从芜湖乘火车出发了。当时条件困难，部队用的是运牛、马等牲口的火车，臭得不得了。新兵就站在火车上，没有躺的地方，只有一扇门，新兵营长把门，防止人摔下去出事故。火车直接开到抚顺市。到抚顺市以后，因为没有花名册、没有档案，所以就是拉横纵队、竖纵队。竖纵队 50 个人，横纵队也 50 个人。一个省的人集中在一起，4 个省集中 4 列，按顺序排过去，横纵队拉过去，竖纵队拉过去。10 个人拉一次，4 次一拉，4 个省的人都交叉开来了，也不知道你姓啥叫啥，是哪个地方的人。当兵的人之间没有摩擦，没有攀亲，没有老乡观念，这样管理起来比较方便，我们就是这样编队的。

到了抚顺编好队之后，在朝鲜的志愿军接兵部队就来了。通过鸭绿江大桥时，为避免扩大伤亡，部队宣布纪律：拉大距离，每个人之间距离 3 米，一旦飞机轰炸扫射，就扩大距离，而不是一起过去。一起过去伤亡比较大。我们走的时候都是傍晚，太阳快下山的时候。鸭绿江大桥就像现在的铁路桥一样，下面都是铁架子，铁轨上面铺了一些木板，走得不小心就会跌到桥下。我们新兵连通过鸭绿江桥不到 1 公里，就有特务打信号弹，敌机就来轰炸了。

通过鸭绿江到达朝鲜以后，前方一片黑暗，根本看不见灯火，听不见鸡鸣狗叫，一片荒凉。我们全都是翻山越岭走没有人走过的山路，这样可以避免飞机轰炸。我们走路是有朝鲜人当向导的，因为志愿军对地情不熟，不清楚哪里可以走哪里不能走，荒山野岭中根本也没有路。所以，要看着前面的人，不能脱离，脱离后就追不上了。

到了朝鲜，我们驻扎在离"三八线"100 公里不到的地方。后面换了接兵部队，1 个连来 4 个人接新兵，3 个排长、1 个连长。这些排长、连长在战场负伤以后，有的手残废了，有的腿断了，有的眼睛被打瞎了，所以不能再上前线打仗，就来接新兵、训练新兵。当时，1 个连长过来领走 100 多人，

1个排长领走几十人。

我们到了部队，1个班应该是按12人编组，当时有的班只剩四五人，有的战士负伤死了，有的冻伤了，还有的饿死了……战争情况下这也是没有办法的，所以把我们这些新兵都补充进去了。我分在27军81师243团后勤处工作，我们团长叫马兆文。

朝鲜北面全是山区，很少有兵营，兵营都是在山沟里面。27军军部驻地朝鲜殷山，是南北向的中间要地，有出海口，还有个火车站。我们师驻在萧山里（音）。美军有现代化武器，白天时美军飞机不停地在侦察。所以白天在朝鲜看不到人，部队也不能正式训练，一旦露面就会被炸。我们就在山里打坑道、挖山洞、挖地道，还修路，因为上山要开路。洞挖好后，如果被飞机轰炸了还要修。

当时我们都住在山上的防空洞里。防空洞以一个班为单位，有10—12人。山洞东一个西一个，战争情况下不会集中。朝鲜的防空洞数量比较多。刚开始像挖战壕一样，战壕下面用木头连起来，加上一层土，土上面再摆上木头，这样一层一层叠起来，一共4层，有1米厚，下面再加1米，共2米厚。飞机炸弹不直接炸在防空洞就不太会有伤亡，正好打中的话防空洞就要被炸掉了。

朝鲜的冬天很冷。到了朝鲜后，我的手被冻伤了，就这样一直伸不直了，怎样都伸不直，吃饭全部用不锈钢的调羹。当时国家穷，手套全部是棉絮做的，小拇指和大拇指伸在外面扣动扳机，手套里面的手都是冻住的。我们穿的衣服，大衣7斤，棉袄和棉裤8斤，一身一共15斤。当时穿不起皮鞋，就穿帆布鞋，鞋子里面是有毛的，否则脚要冻坏的。刚去朝鲜的时候，一些老兵告诉我们，他们的脚都冻坏了。他们一开始不懂，冻了以后用热水一焐，一冷一热，肉就烂掉了；后来有了经验，要用冷水焐，慢慢缓过来，肉就不会烂掉。当时，我们睡觉的时候鞋子、衣服全部穿着，枪抱在手里。我们都是白天当晚上、晚上当白天，疲劳了之后是一边走路一边睡觉，因为实在太辛苦了。

一开始我在后勤当担架员，是上前线的。担架员很重要，因为战场上伤亡的同志，要担架员上去背、去抢救，所以还要会简单的包扎，但是背和抢救也不容易。当时军队有个命令：担架员去抢救伤员，要把伤员摆在第一位。因为受伤人员一旦再次受伤，流血不止的话，生命就保不住了。

我因为小时候读过几年私塾，所以当担架员不久又当了通信员，当了较长时间。我还做过司务长。对部队的新兵来说，分到哪里就是哪里，不是自己可以挑选的，当兵就是要服从命令、听从指挥。战争是有伤亡的，说完全不怕死这也是不真实的。人的生命只有一次，都知道死掉就没了。当时我只知道要抗美援朝、保家卫国，没有国就没有家，先有国后有家。

在朝鲜战场上，我印象最深刻的是黑云吐岭战斗。当时部队给我们班派的任务是爬到山顶上去侦察。我们爬了两天两夜才到山顶。当时天气好，在山顶上南北看得清清楚楚，我们的位置离"三八线"很近。黑云吐岭战斗结束后我们就退下来了，撤到元山一带负责二线防御。24 军来接防后，我们 27 军把作战参谋全部留下，担架也都留给了 24 军。

在朝鲜战场上，美军第一步是飞机轰炸，树木被炸掉了，土地也变成了焦土；第二步是大炮轰炸；第三步是坦克开路，小兵跟在后面。我们中国部队缺少武器，用的是手榴弹、炸药包、火箭筒。火箭筒可以用来炸美军的坦克，坦克被炸中后就开不动了。火箭筒就起这个作用。我们新兵每人有一支 38 式步枪、4 个手榴弹，有的有子弹，有的没有子弹。没子弹就做虚的，弄两根杆子装装样子，其实没什么用。但那时国家困难，造不出那么多子弹。

美军什么事都干得出，包括细菌战。我亲眼看到空中一个大的气球爆炸后里面飞出几个小气球，小气球里面是老鼠、蛇、蜈蚣、苍蝇、蚊子等，它们都携带传染病菌。小气球在离地面十几米的地方爆炸，那些动物就掉下来。我们都把裤腿扎起来，手也包起来，口罩戴上，耳朵用帽子全部罩住，就眼睛露在外面，一般情况下待在防空洞里不外出，防空洞里有一扇门，缝隙留得比较小。与外界接触比较少，可以较好地避免伤亡。

在朝鲜还有很多特务，有的穿着朝鲜老百姓的衣服，有的穿着朝鲜人民军的军装，有的穿着志愿军的衣服，分不清他们是志愿军、朝鲜人民军还是老百姓。特务有两种信号弹，一种绿色的，一种红色的。红色信号弹一打，美军飞机马上就飞过来。巡逻飞机一直就在空中飞，都不怎么停歇，随时随地都会来射击，所以朝鲜战场基本不分前后方。

当时我们吃的东西，主要就是高粱、小米，大米、面粉基本就没有见过，玉米也吃不到，油也吃不到，盐是有的。菜主要就是土豆、大白菜、萝卜，还不是经常有，运到一点就吃一点，有的话就吃一两顿，其实基本上是没有的。当时国家困难，粮食运不到，补给线都被美军飞机炸掉了。吃不到就饿肚子。并且长期吃不上蔬菜，就会得夜盲症，白天看得到，晚上天一黑就看不清了。那怎么办呢？行军的时候，一个眼睛好的人走在前面，眼睛不好的人抓住前面人的衣服跟着走。晚上眼睛看不见，打仗怎么打？最后是用维生素和松叶水解决了夜盲症的问题。维生素是从苏联买的。另外，在朝鲜有很多叫马尾松的松树，把马尾松松毛摘下来，放到水里烧，给部队里的每个人喝。

那时粮食都要自己去搬。朝鲜战场一片冰天雪地，零下 30 多度。有一次我去搬粮的时候跌倒了，正好被一个树杈挡牢。那个山沟里的雪很深，滚到山沟里就没命了。正好树挡住了，捡了一条命。

还有一次搬粮的时候，我亲身经历了飞机轰炸。朝鲜四周都是荒山，中间有一小块二三十亩的平地，那里有一个火车站。我们 27 军整个部队的人在火车站那边卸粮，各连各营的人都有。因为火车到了以后要马上卸粮，卸完以后要东一点、西一点分得散一点，这样就算遇到飞机轰炸，也就炸掉一点，大家不至于挨饿。当时有个特务打信号弹，4架飞机就开过来轮流轰炸，机枪"啪啪啪"，子弹"嗒嗒嗒"，像雨点一样。那时的机枪子弹很大。战场上下了命令，一动不能动，一动就暴露了，暴露就会被打得更猛烈。

其中一颗炸弹"嘭"的一下掉下来，又"哐"的一下炸开。人待在炸弹落地处一两米的地方，就会被炸死，远一点就不会被炸到。我正好在这个空间里。炸弹炸了以后，我被埋在土里昏迷了。部队战友把我从土里拔出来，没怎么受伤。当时只觉得胸口痛，后来回国了才知道是胸部被压坏了。这是我碰到的一次轰炸，究竟有几个炸弹我也不清楚，那次轰炸中我们伤亡很大，我们一个班共12人，一个人出去办事了，还有一个人留在驻地，班长到营部开党支部会去了，其他9人去搬粮，炸死了5人，4人受伤。

我在朝鲜待了近2年。1953年2月，我从朝鲜回国，还是在27军81师243团。1956年12月，我加入了中国共产党。我在部队待了将近15年。

崔广胜所获抗美援朝纪念章和军功章

蒋毅口述资料

口述人：蒋毅

采访整理人：李文嫣、赵星星

采访时间：2023 年 10 月 9 日

采访地点：平湖市退役军人服务中心

老战士档案

蒋毅，男，中共党员，1933 年 9 月出生，浙江东阳人。1949 年参军。1952 年 9 月入朝，在志愿军 24 军 215 团 2 营 6 连任文化教员。1953 年 2 月在朝鲜负伤后回国接受治疗。

我叫蒋毅，浙江东阳人。小时候我们家的经济比较困难，我是家里的长子，后面还有 3 个弟弟，为了帮父母减轻负担，我在东阳中学读到初二就辍学了。1949 年，我参了军。当时，经一位朋友介绍，我去了浙江金华第八行政区干部学校学习，后被分配到永康石柱区参加剿匪等工作，不久我又被选送到了华东军政大学学习。在华东军政大学主要是进行军事训练，毕业以后就被分配到 24 军 215 团 2 营 6 连任文化教员，教连队的士兵学文化知识。朝鲜战争爆发后，1952 年 9 月，我们 24 军整个部队就奔赴朝鲜战场了。

去朝鲜的时候，我们每个战士都背了一个背包，里面装着自己的被子和替换的衣服。到了鸭绿江边，部队进行短暂休息，第二天先进行宣誓仪式。

当时，每位战士都斗志昂扬，场面很震撼。对面就是朝鲜的小山坡。宣誓完毕后，大部队就跨过鸭绿江。部队文工团战士在桥上雄赳赳、气昂昂地唱歌，浩浩荡荡跨过鸭绿江，一直走到晚上，回过头来已看不清祖国了。

我们大部队目标很大，朝鲜那边敌人飞机又很多，所以我们都是晚上行军，白天睡觉。而且晚上走路要紧紧跟上，走不动了也要跟上，如果不跟上，掉队了就会有生命危险。那会儿脚底都磨出了水泡、血泡，很辛苦。走了约 1 个月的路，终于到了目的地——元山，部队开始休整。我们连部住在老百姓的家里，老百姓的家里都有炕，晚上特别冷，炕能烧火取暖。

蒋毅所获抗美援朝纪念章和保存的胸牌

休整一段时间后，上甘岭战役已基本结束。我们部队就开赴朝鲜中线接防 15 军上甘岭防线，去坚守上甘岭战役后的阵地。阵地大概有 5 个山头，我们占领了 3 个，美军占领了 2 个。山头间的距离很近，对面的敌人都看得到，步枪也打得到。每个山头之间都有坑道连接起来，平时部队战士们都住在坑道里，坑道的洞很长，稍微高一点的地方，弄平坦了就可以休息和睡觉。坑道外面不能睡，一是冷，二是不安全。平时走路也是在一条一条的坑道里走，在上面走目标太大。我们都集中在坑道，紧盯着目标。白天，有的战士看到对面的敌人也会射击。我们战友之间也不能讲话，因为间隔都比较远，大声说话怕暴露目标。坑道上面有岗哨，密切监视着对面敌人的动静。

我们平时吃的用的全部自己带。每个人背着一个米袋，到目的地后炊事员就到每个人那里拿一点，烧了大家一起吃。锅子都是自己背过去的。打仗的炮弹也是随身带的，每人背几个，平时不打，有目标才打。那时候很困难，炮弹是很珍贵的。

我们连部到前哨有一段路。1953 年的大年初一，我跟着连长、指导员去慰问前哨的战友，连队指导员姓孟。走在路上时，我们遭遇了敌人的冷炮偷袭，我就晕过去了，什么也不知道了。醒来时，我感觉自己躺在担架上，被战友抬着。我听见有个抬担架的战士问："你的这个是活的还是死的？"另一个抬担架的说："我们的这个是活的。""我们这个很重。"那就是战友已经牺牲了。后来我才知道连长牺牲了，指导员腿部骨折，我是左手肱骨骨折。伤员被直接抬到后面的急救中心做处理。当时急救中心的两个女同志是华东军政大学毕业的，她们在那做医务工作。在为我取弹片的时候没打麻药，边跟我闲聊边给我取弹片，给我包扎好后把我的胳膊拉一拉，又讲一讲，意思是让我注意点。我的上下肱骨还是叠起来的，接口没有对准，战场上只能这样简单处理下伤口，等我们回到祖国再处理。

我在朝鲜一共待了半年左右，负伤以后就从战场上下来了。回到祖国后，我们在北方洮南养伤治疗。当时伤病员很多，医疗条件也不好，就这样稀里糊涂地没再做进一步治疗，所以我的胳膊短了一截，手也伸不直。不过，好在我胳膊上的筋没有受伤，所以手指还能活动。养好伤后，我就从部队转业了。

海盐县

李鹤年口述资料

口述人：李鹤年
采访整理人：顾惠君
采访时间：2023 年 9 月 8 日
采访地点：海盐县武原街道滨海一号小区

　　1950 年 6 月，我考入华东军政大学才 3 个月，有一天，突然接到学校通知，要我与孙中佩、蔡奕林等 8 名同学晚上去上海江湾机场。

　　次日，我们 8 个人到机场后，首长向我们下达了 3 个月内向苏军学会使用和维修雷达的任务。当时，大家还是第一次听说雷达。

　　8 个人奉命集训，系统学习雷达工作原理、操作流程、维护保养等基础知识。当时苏联教官没有教材，听课要靠译员，但是译员不懂雷达，翻译不精准。于是我们 8 个人上课记笔记，下课分头整理笔记，去图书馆查资料，去书店查找资料及购书。我们在学习中想出新办法：专业术语上引入英语，提高精准度；在机器上贴上对应名称，加快学习进度。我们对雷达的发射、天线、接收、显示 4 个部分各个击破，夜以继日地学习，终于在 3 个月内学会了雷达操纵、维护和使用。苏联教官对我们的学习效果表示非常惊讶和满意。通过严格的考核，8 个人全部结业，出色地完成了上级的任务。10 月，苏军的雷达装备移交给了我们。

1950 年底，我们雷达站先后转战安东（现丹东市）凤凰山、浪头机场（现丹东浪头国际机场）、大东沟机场等地，执行对空警戒任务。同时，培训大量雷达新兵。

1951 年 9 月底，我们开赴朝鲜。我们有 2 台雷达，架设时通常相距 100 多米。雷达站是针对美军金浦机场、水原机场部署的。所有从这两个机场起飞去轰炸志愿军后勤线的敌机，都会飞过我们雷达站的监测范围。

每天上午 6 时许，我们就各自进入岗位。我的任务是看显示屏。七八时许，雷达就可以捕捉到美军飞机从南往北飞来，有时 10 多架，有时 20 多架。雷达捕捉到后，我的大脑高速运转，边观察、边分析，同时立即向安东报告，最多的一天我报了 15 批，有 100 多架次飞机。飞机在显示器上是一条线。那时的显像特别模糊和不稳定，架次很难判断。由于精神高度集中，尽管当时是冬天，但每次工作结束后，我的内衣都湿透了。

自从雷达入朝后，志愿军有了"千里眼"。敌机视我们的雷达为眼中钉、肉中刺。雷达发出的电波会暴露所在地，所以我们雷达站有严格的操作规程，一切听从指挥部的命令。报告完毕后，如果听到"关机"两字，要立即拆卸雷达，装上卡车。电波的速度是每秒 30 万公里，所以 20 分钟内我们必须撤离。一次，我们刚刚完成报告任务，按规定 2 台雷达保持 100 米左右的距离撤离。这时，美军的飞机已经飞过来了。我乘的是前面的汽车，已经开到了山沟里。后面的汽车刚刚开到山坡旁，敌人的飞机一个俯冲，扔下炸弹。车上的战士伤 1 人，死 1 人。牺牲的一位战士就是我们 8 个同学中的一个，早上我们还在一起吃

李鹤年所获雷达兵创业者纪念章

早饭，想不到中午就牺牲了。我由于出色地完成了雷达监测任务，荣立个人三等功一次。

雷达站和雷达兵在当时是稀有的宝贝，特别是我们第一批雷达兵，文化功底好，上级非常重视。战友牺牲后不久，上级通知我们7个人撤到鸭绿江内的雷达站监测，并让我们承担培训雷达新兵的任务。我热爱雷达工作，一心扑在雷达监测的研究上，总结出一些工作经验，传授给新兵们。我们的雷达兵一批又一批地奔赴朝鲜。我每年都要去朝鲜一个星期，传授雷达监测经验，解答战士们提出的一些难题，至1957年结束。

我在雷达部队工作到50岁，对雷达怀有深厚的感情。从朝鲜回国后，我又荣立个人三等功4次。"雷达兵创业者"的纪念章，我一直珍藏着。现在，不管敌机从东还是从西来，飞的高还是飞的低，来的多还是来的少，都有我们的空中隐身哨兵守卫着祖国的蓝天。

何陈林口述资料

口述人：何陈林

采访整理人：顾惠君

采访时间：2023 年 9 月 18 日

采访地点：海盐县武原街道河滨小区

何陈林，男，中共党员，1930 年出生，浙江海盐人。1952 年 2 月参军，后入朝参战，分配到志愿军 27 军 79 师 237 团 3 营 82 迫击炮连担任炮兵。

我的父母早亡。1948 年，哥哥何根林在武原镇天宁寺开了一家理发店。我们兄弟俩在店里理发。家中有弟弟妹妹 2 人靠我们养活，日子过得紧巴巴的。1950 年，抗美援朝运动掀起。当年 12 月，海盐县召开了上千人参加的大会，台上控诉美帝国主义侵略朝鲜，台下群众呼喊"反对美国帝国主义侵略朝鲜""支援朝鲜"等口号。1951 年春节后，政府宣传"当解放军光荣"。我们的理发店开在市中心，天天可以

何陈林年轻时照片

看到宣传标语，我触动很大，有了当兵的想法。5月1日，全县举行近万人参加的示威大游行。游行队伍从我们店门前经过，"抗美援朝，保家卫国""一人参军，全家光荣"等口号喊得震天响，我听了心里也很激动。后来，新兵离开武原镇前戴着大红花排成长队从我们店门口走过，我的心里很羡慕。参军愿望没有实现，但是心里一直在想着。

1951年底，武原镇拥军活动很多，很多青年报名参军。我想，这一次不能再错过机会了，就顾不上理发店的事，去报了名。由于我身体强壮、历史清白，经过政审和体检，于1952年1月获得批准。1952年2月，我正式参军。

我是志愿军27军79师237团3营82迫击炮连的炮兵。在朝鲜战场上，我担任炮手，在战斗中荣立了三等功。祖国人民派来了慰问团慰问，送给我一本慰问手册，我在上面写了"学习、学习、再学习，向着学习前近（进），克服一切困难"的句子自勉。这本手册我至今还保存着。

何陈林所获抗美援朝纪念章
和军功章　　何陈林珍藏的慰问手册

周文祥口述资料

口述人：周文祥

采访整理人：顾惠君

采访时间：2023 年 9 月 10 日

采访地点：海盐县武原街道金涌花苑

<table>
<tr><td>老战士档案</td><td>周文祥，男，中共党员，1934 年 3 月出生，浙江海宁人。1949 年 9 月参军，任中国人民解放军 23 军 69 师文工队队员。1952 年 6 月，调入 23 军 67 师 199 团 1 营 1 连担任卫生员。1952 年 9 月入朝，属志愿军 23 军 67 师。1958 年 3 月回国。</td></tr>
</table>

1949 年 9 月，驻扎在海宁的解放军正在招收新兵，我就去部队报名参军。当时我只有 15 岁，个子也不高，接待的同志不让我报名，但是我铁了心要参军，每天在报名处缠着管报名的解放军，他们经不住我的软磨硬泡，总算让我报了名，又因我太小，让我在文工团工作。当月，部队奉命赴浙东前线解放舟山群岛，我参与慰问战士和群众工作。一年后，我被调去 23 军知识青年教导队学习半年，后来被安排到军部卫校学习医务知识。经过一年多的学习培训，1952 年 6 月，我被分配到了 67 师 199 团 1 营 1 连担任卫生员。

1952 年 9 月，部队接到调防的命令，给每人发了棉衣、棉靴等，我们登上了驶往东北的火车。进入山海关后，首长进行"东运北上、待命入朝"动员。

部队到达安东（现丹东市）后，召开入朝宣誓大会。报效祖国的时候到了，战友们个个激动万分，写血书，表示坚决响应祖国人民和伟大领袖毛泽东的号召，志愿走上抗美援朝最前线，决心不怕千难万险，不怕流血牺牲。

部队从新义州入朝，每连配备一个朝鲜族联络员。战士们背着武器和棉被，还背着一把铁锹。我背着棉被、急救包，以及用方块的雨衣拼成的帐篷。为了不被敌机发现，我们夜间行军，白天睡觉，翻山越岭，每晚行军五六十里路。走了十来天，走到"三八线"附近。一路上，飞机上的传单落下来，写的是攻心战的内容，我们都不看。到达目的地后，我们没有上前线，但是危险还是很多。1953年春节前夕，战士们在用石块和树木搭起的"礼堂"内排练春节联欢会节目时，突遭敌机轮番轰炸，大家迅速前往防空洞内隐蔽。部分战士负伤，副班长光荣牺牲。

春节过后，我们在埋加地（音）的坑道里守了5个月。坑道很窄，坑道壁挂着煤油灯，不小心就要碰到，战士的棉衣上经常被烫出一个个的洞。我们白天隐蔽不出来，由于不见阳光，皮肤发白，刚走出坑道时，走路也不稳。晚上，我们给前线的战士送高粱米、大米、小米、海带、黄花菜、猪肉罐头等。夜间运输时，时常有小遭遇战发生。战友们总结出经验：通过敌人的封锁线时要跑得快，不能恋战，等等。

1953年7月，我们接到新的任务。友邻部队攻占石岘洞北山后，我们连紧随其后，任务是守卫此山头一天一夜。战前，每人上衣口袋里挂了一个步枪弹壳，内放纸条，纸条上写明姓名、年龄、籍贯、是否为党团员等，一旦负伤或牺牲后方便辨认。每人的背包、挂袋放在通向后方的必经之路上，由连队文书保管，如有人负伤即放在担架上，随伤员送到后方医院。

部队在冲锋前，排以上干部中正职分成两批，分别带领战士。晚上，连长带领全连指战员，面向祖国的方向举手宣誓：为抗击美帝国主义、保卫祖

周文祥在抗美援朝期间与战友的合影（前排左四为周文祥）

国的和平建设，勇敢战斗，不怕牺牲流血。宣誓毕，立即投入战斗。我们连有两个卫生员，另一个卫生员是黄岩人，他是跟随连长的。那天，连长带着一批人攻占石岘洞北山次峰。他们冲了上去后，遭到美军密集的炮火封锁，经过激战，最后全部牺牲。听说卫生员拿起爆破筒与敌人同归于尽了。后增援部队到达，又夺回次峰。指导员带领另一批战士攻占主峰。我跟在指导员的后面，背着急救器材，冒着猛烈的炮火，紧随其他战士。双方火力反复互相压制，战斗十分激烈。打到深夜时，在一个斜坡上，敌方打来一阵排炮，多名战士伤亡，我立即给负重伤的战士救护包扎，将他们搬运到不易被敌人发现的地方，待担架队来后送后方医院。轻伤的战士，他们会自己包扎后继续战斗。7月，朝鲜天气炎热，我来回搬运伤员，又累又热，脱掉了衣服，打着赤膊抢救伤员。我把军装挂在"盖沟"（有隐蔽物盖住的战壕）内，光着上身给负伤的战士进行急救包扎。我包扎了好几个伤员，将他们转移到"盖

周文祥所获军功章和荣誉证

沟"内。但是"盖沟"只能挡子弹，挡不住穿甲弹。随着敌人打来的穿甲弹越来越多，"盖沟"越缩越短，我的衣服也不知去向。那天，我一个人抢救了重伤员 10 多人。其中有一个战士，手臂三角肌受伤后出血严重，一开始以为他睡着了，结果是牺牲了。战士出血后嘴唇特别干，但是水壶里只有一点点水。当我救护和隐蔽好负伤的战友时，指导员带领战士终于夺回了主峰。第二天友邻部队来接防时，第一时间就是讨口水喝。

我们连有 160 多人，战斗结束时只剩 50 多人。我们营 4 名卫生员也只剩下我 1 个。由于我在战斗中抢救伤员表现突出，荣立个人三等功，被授予三等功军功章一枚。

7 月的一天，接到上级的通知，当天夜里 10 点停战。同时，要我们继续保持战斗状态，防止美军在 10 点前来轰炸。那一天，10 点之前零星的炮声、枪声不断，大家很紧张，担心停战能否实现。深夜 10 点到了，突然一片寂静，一下子我们有点不习惯了。第二天早上，民房的烟囱也冒烟了，衣服也晾出来了。

朝鲜战争停战后，我们继续留在朝鲜修建营房，帮助老百姓恢复生活。直到 1958 年 3 月，才回了国。

俞志民口述资料

口述人：俞志民

采访整理人：蔡海燕

采访时间：2023 年 10 月 30 日

采访地点：海盐县武原街道城北西路教工宿舍

俞志民，男，中共党员，1932 年 1 月出生，浙江海盐人。1950 年 12 月参军。1953 年 5 月入朝，分配在志愿军 38 军 112 师 334 团。1953 年 7 月回国。

我是海盐老店"野荸荠茶食号"俞小宝的二儿子，在海宁硖石读小学、中学。1949 年 7 月，我考入同济大学附设的高级职业学校，进入土木系学习。1950 年 6 月，朝鲜战争爆发，全上海开展了轰轰烈烈的抗美援朝运动。我们同济大学师生和员工响应党中央的号召，学校成立"抗美援朝、保家卫国工作委员会"，系里召开全体师生动员大会，传达上海市各界关于抗美援朝的精神和行动内容，动员师生积极参加军事及国防建设工作。

青年俞志民

学校建立了参军参干学生家长招待站，发起写慰问信、做慰问袋、献血等活动，表达自己的爱国之心。

当时，我 18 岁，经过学校的号召、系里的动员后，我满怀热情地投入抗美援朝运动。我参加了全市大专院校抗美援朝、保家卫国示威大会和游行，感觉自己热血沸腾，为能够在祖国最需要的时候奉献自己的青春和才华而感到自豪。

我在第一时间报名参加志愿军，于 1950 年 12 月被批准第一批参军。当时，学校的第一批志愿医疗手术队即将奔赴前线，我也做好了上前线的准备。想不到的是，我被送到四川江津中国人民解放军化学兵学校，成了一名新兵，编在 2 大队。开学时，首长对大家说，我们学校受总参谋部直属领导，我们是新中国的第一代防化兵。我在江津待了 7 个月，参加军训和学习社会主义理论知识。1951 年 9 月，学校迁到河北昌平阳坊镇。在那里，我又学习了防化专业知识，主要科目有毒剂、观察（侦察）等，了解了各种毒剂性质，有刺激性的、破坏神经性的、糜烂性的，还学了如何防御等。

1953 年 4 月下旬，我从学校毕业了。毕业典礼上，校长突然宣布了一个名单，说有一项重要任务要执行，我的名字也在名单上。5 月初，我和几个同学接到去朝鲜的紧急命令。我们先坐火车到吉林，然后坐军车到达鸭绿江边，又坐上运送粮食的汽车跨过鸭绿江。到达 38 军军部已经是晚上了。在乘车去师部的路上，朝鲜人民在田里劳动，看到我们就朝我们挥手致意。到达 112 师部后，我们 6 个防化兵，2 个留在了师部，4 个分到了团部，我被分配到的是 334 团。一个卫生队的战士带领我们 4 个被分到团部的步行去各团。一路上，有飞机在我们头顶上盘旋，带队的战士说，这是侦察机，不用管的。大概走了 3 小时，我们到达 334 团部。

我们部队驻扎在朝鲜西海岸，虽然处于二线，但是每天都有美军的飞机来轰炸，每天能听见零星爆炸声。那时，团部有 2 间民房，是我们的工作间和宿舍，3 人睡在一个大炕上。团领导在防空洞里。民房和防空洞距离只有 10 米左右。当时和美国的谈判处于停止状态，我在团部任防化参谋，我们的任务就是待命，万一美军发起细菌战或化学战，我们就立即投入战斗。在待命期间，我有时当通信员，把电报送给在防空洞里的团长，他看完后我再还给电报员。我虽然在做传递电报的工作，但是不知道电报房设在哪里，电报房的地点是绝对保密的。在朝鲜，祖国人民很关心我们，派慰问团来慰问。有一天晚上，舞台上挂了几盏汽油灯。我们就坐在黑暗里看演出，有跳舞的、有唱歌的。哨兵一旦发现情况，我们就赶紧把汽油灯给弄灭了。

我在朝鲜待了 2 个月，1953 年 7 月 10 日，停战谈判继续，我随部队秘密回国。大约半个月后，停战协定就签订了。

姜汉玉口述资料

口述人：姜汉玉

采访整理人：顾惠君

采访时间：2023 年 9 月 11 日

采访地点：海盐县武原街道海景苑

老战士档案

姜汉玉，男，中共党员，1929 年 1 月出生，江苏沭阳人。1945 年 1 月参军。1950 年 11 月入朝，属志愿军 20 军。1952 年 10 月回国。

我是 1945 年参军的。1947 年，在大尹山被记功 1 次。之后还荣获淮海战役、渡江战役、解放华中南、抗美援朝胜利纪念章各 1 枚。1955 年，又荣获解放奖章 1 枚，这是国家颁发给在解放战争期间有功人员的。

1949 年上海解放后，我所在的第三野战军第九兵团 30 军 89 师 266 团 3 营 9 连（1950 年，89 师编入 20 军建制）在上海附近进行海上训练。当时，我是连队的指导员。

1950 年 11 月初，部队突然接到去朝鲜的命令（命令传达至连长和指导员）。我们穿着训练时的冬装，脚上穿着胶鞋，登上了闷罐火车。火车朝着北方不停地开去，快到达济南时，上级通知准备接收棉衣，但是济南到了，棉衣没有发。一路上，上级要求我们将所有带有中国人民解放军的标识拆除，包括毛巾上"将革命进行到底"的中文字也要剪掉。火车向北行驶，上级连续3次通知连队做好接收棉衣的准备，但是最终棉衣还是没发下来。火车开到了辑安（现集安市），我们第九兵团改编为志愿军第九兵团，兵团长宋时轮。到达的当天，吃过晚饭，上级给我们派来2名朝鲜族翻译。天暗了下来，因为鸭绿江上的桥被炸断了，我们从搭的浮桥上步行过江，大家静悄悄的，长长的队伍没有声音。跨过鸭绿江后，我看到一片片火光，到处是废墟，还有三三两两的朝鲜人民军。

到达前线后，我们部队参加了第二次战役。零下三四十度的天气，美军穿的是羽绒衣裤、厚帽子、保暖的皮鞋；我们穿着南方的薄棉袄和胶鞋，感觉像没穿一样，眉毛、胡子上都结了冰。我们连队还好，发到了缴获的美军毛毯，一个也没冻死，但还是有20多名战士冻伤。至今还记得我的同乡、江苏淮阴人陈玉轮，在脱胶鞋时，脚上的皮粘在胶鞋上一起撕下来了，卫生员说要做截肢手术，否则有生命危险。我

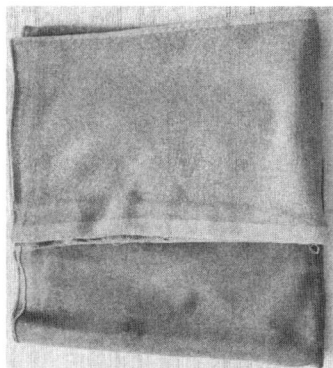

姜汉玉珍藏的在朝鲜战场缴获的毛毯

们连要出发上前线了，陈玉轮留在宿营地，据说后来被送到老百姓家里了。由于天气太冷，上级要求我们做好防寒防冻。我把两块毛毯裹在身上睡觉，毛毯至今还保存着。

我们是步兵连，一个连3个排9个班，手中只有从国民党手中缴获的武器，有三八大盖、手榴弹、步枪。我有一支木壳枪。美军有飞机、大炮、坦克。我们是高粱米蘸雪吃，挖地里的番薯烤着吃，吃了经常拉肚子。美军吃罐头、牛肉，喝咖啡、饮料。虽然我们吃的比他们差很多，但是我们的战士保家卫国，

姜汉玉在朝鲜时的照片（中间为姜汉玉）

士气高昂。特别是打仗勇敢，不怕死，经验丰富：冲锋时注意利用地形，不跑直线，减少伤亡，消灭敌人；美军的武器比我们强几倍，我们就用手榴弹捆在一起，塞在美军坦克的履带里。朝鲜山多树多，我们白天隐蔽，晚上进行突然袭击。他们晚上睡羽绒袋，我们打进去时，他们来不及从袋子里爬出来。后来，我尝到了缴获的牛肉和咖啡，味道很好。但是我不喜欢喝他们的果汁，太甜了。战斗持续到12月，第二次战役结束，我荣立个人三等功一次。我们撤离至咸镜南道五老里休整。国内的慰问团来给我们表演节目。

1951年4月，我们参加了第五次战役。那时，能够吃到国内送来的炒米和罐头。后来，天气热了，但我们在坑道里，还是穿着冬天的棉衣，因为没有新发来的衣服。大家几个月没有洗澡、洗头，身上发臭，长满了虱子，这虱子还居然长出了长长的尾巴，我平生也是头一回见到，往腋窝里一抓一大把。1952年8月，我们承担守卫上甘岭任务。上甘岭是连接东西海岸的唯一交通运输线，因此位置十分重要。我们连在守卫期间，打退了美军的很多次进攻，也数不过来多少次。我们部队入朝早，部队战斗减员严重；由于后勤保障不足，战士体质下降。10月，部队接到回国的命令，阵地交12军接防，我们秘密回国。12军比我们晚入朝，他们与美军激战于上甘岭。相差10多天，我们部队没有参加，太可惜了！

我们是"偷偷摸摸"去朝鲜，又"偷偷摸摸"回来的。现在我还惦记着我的同乡陈玉轮。那天从朝鲜分别后，也不知道他的伤治得怎么样，后来去了哪里。

回国后，我在 60 师政治部担任组织科纪律检查助理员等职务。1964 年，我转业到地方。

海宁市

朱哲生口述资料

口述人：朱哲生

采访整理人：姚倩

采访时间：2023 年 11 月 30 日

采访地点：海宁市江南世家

老战士档案

朱哲生，男，1933 年 2 月出生，浙江海宁人。1950 年 8 月参军，在中国人民解放军 21 军后勤部工作。1953 年入朝，在志愿军 21 军军人服务部、后勤部工作。1958 年 7 月回国。

我于 1950 年 8 月在浙江黄岩参军。我们从黄岩出发，到了奉化，然后在奉化待了一段时间，之后到了宁波，不久又到了上海，再从上海乘坐火车到达吉林通化。在通化，我们集中开展学习，主要是学习朝鲜语。

1953 年，自吉林又乘坐火车到达朝鲜。我是在志愿军 21 军后勤部，先是在军后勤部负责汇款工作，后又调到军人服务部工作。军人服务部的工作主要是为军人供应日需用品。由于我们当时住在朝鲜山沟里，语言不通，所以也没处买东西，况且我们手里也只有人民币，根本买不了朝鲜的食物及日需用品。军人服务部的货物主要是由兵团分配下来的，我们每个月需要多少东西是要提前编制好计划表报上去，货物主要也就是牙膏、肥皂等一些日需生活用品。刚开始时，品种比较少。后来，我们自己到安东（现丹东市）去采购，商品也由开始的一般生活用品到罐头，甚至手表等消费品。服务部刚开始只有3个人，后来增加到5个人。之后，我又在军后勤部做会计。

在朝鲜，我们住的地方都在山沟里。那时，为了保障战士日常生活需求，专门从安东请来2个理发师傅，还从上海王开照相馆请来摄影师傅为战士们拍照。当时，军部一周要放映两场电影，放映的电影也主要是教育片，要是战士们有其他任务错过了，回来后还是要补看的。

1958年，军人服务部撤销。7月，部队给我们几人单独开了通行证，我凭通行证经朝鲜新义州回国，也就退伍了。后来，我先后到海宁县计划委员会、县统计局、夺煤指挥部等单位工作。1993年2月，我退休了。

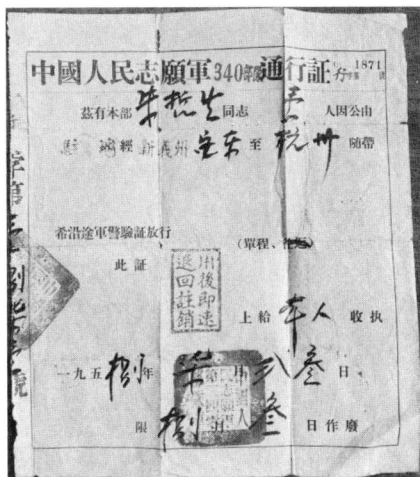

朱哲生的通行证

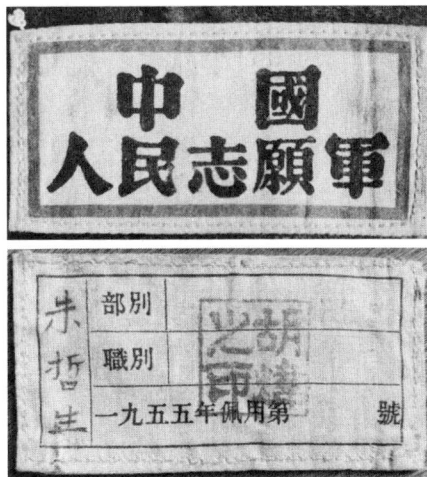

朱哲生1955年佩用的胸章

孙晓觉口述资料

口述人：孙晓觉

采访整理人：姚倩

采访时间：2023 年 11 月 21 日

采访地点：海宁市桃园里小区

老战士档案

　　孙晓觉，男，中共党员，1933 年 10 月出生，浙江绍兴人。1951 年 5 月参军。1951 年 6 月入朝，在志愿军后勤部第五分部辎重团部。1954 年回国。

　　我是绍兴孙瑞镇二村人，1951 年 5 月在绍兴参军，成为绍兴县独立 1 营 1 连战士。当时，抗美援朝战争已经爆发，志愿军部队物资供应跟不上，于是就建立了一支辎重部队。那时候，我是志愿军后勤部第五分部辎重团部的一名战士。我们去的时候是从绍兴出发，坐汽车到萧山，到了萧山后再乘坐火车到辽东。晚上过鸭绿江，走到了朝鲜新义州。那一段路，我们走的时候还算太平。

　　我在部队先是负责货物搬运，主要工作是在火车到了以后，将火车上的物资卸下来，再用两个轮子的手拉车拉到仓库。过了新义州后，遇到美军将照明弹扔下来。那照明弹比路灯亮多了。当时，我们因为从来没碰到过这种情况，也都没什么经验，于是大家都慌张得把车子一扔，赶紧先躲起来。最厉害的一次是火车刚到，敌机就飞来轰炸，把铁轨也炸断了，那次伤亡非常惨重。后来，我们渐渐地也适应了，胆子也大了，往往飞机炸归炸，我们还是会继续工作。

朝鲜的冬天，路上全都是雪，每个路口都有值勤人员。每当有飞机飞来时，值勤人员发现后就会鸣枪，汽车驾驶员听到枪声后会立刻关闭车灯，但还是会摸黑继续行驶。运输的工具，除了汽车外，还有驴车。后来，我被调去管理炮弹仓库。炮弹仓库都建在山区里。仓库设在从山上挖出来的山洞里，里面用砖木叠高，上面放的全是炮弹。我们的主要任务就是在炮弹仓库值班，值班分三班制，轮到夜里这班是特别辛苦的，因为夜里往往是零下40多度。

1953年8月，我获三等功一次。这年9月，我在朝鲜加入了中国共产党。在朝鲜期间，除了志愿军后勤部第五分部辎重团部，我还在警卫1团3营7连、独立4团2营7连等连队待过。

1954年，我随部队回国。

杨德崇口述资料

口述人：杨德崇

采访整理人：姚倩

采访时间：2023 年 12 月 6 日

采访地点：海宁市长安镇人民路

老战士档案

杨德崇，男，1930 年 11 月出生，四川珙县人。1949 年 12 月参军。1951 年 1 月入朝，在志愿军 20 军 59 师炮团观通连任文化教员（见习）。1951 年 12 月回国学习。1952 年三四月重返朝鲜，在后勤部监工连任文化教员。1952 年 10 月回国。

我叫杨德崇，现年 94 岁（虚岁）。1951 年元旦，我分配到朝鲜前线志愿军 59 师炮团观通连当文化教员（见习）。我在连队主要负责宣传、文化、文艺等方面工作。在朝鲜，开展文教工作时，做的最多的是在行军疲劳时鼓舞士气。白天休息时，就搜集材料，写战地小报，表扬好人好事。炮团有一个特点，就是并不经常走公路，而是要利用山间、山顶做文章。战斗激烈时，我们还需要帮助运送炮弹。两发炮弹一箱，少说也有 80 斤，背着很吃力，但打的时候一下就打光了。我们有时还要到观通连去慰问或了解情况，他们在山顶上活动，对面就是敌人的阵地，观测的准确性决定前面大炮的命中率。

美军用飞机狂轰滥炸，把朝鲜的城市、村庄夷为平地；用飞机封锁我们的补给线，妄图饿死我们；用飞机抛子母弹（在地上触到才爆炸）、细菌弹（里面装有带菌的昆虫、老鼠、死兔、鸡毛等），还安置爆炸性的手表、电筒、钢笔、玩具；用飞机喊话、撒传单造谣惑众等。作为文化教员，我及时抓住他们这些典型的阴谋手段向大家进行宣传教育，提高大家的警惕性。文化教员平时也有自己的专业，但战时就不用那么"专"了，什么需要就做什么，成了战斗员中的多面手。连队始终是处于前沿第一线的。

我参加的第五次战役中的追击战就打了30多天。追击战中，我与几位战友抓获了一个美国军官。那是在一个入驻山林的黎明，我们在寻找水源时发现的，当即合力抓住他并押回连部。据翻译说，这人是因为身体有病，朦胧中未与部队一同逃走。追击战中，我们住过路边、山洞、森林，还住过冰冻的粪坑，枯草、树叶是最好的垫被。吃的是无糖、无盐、无味的"三无产品"。难得吃一次大米，算是美味了，雪是最好的"天然水"。经常是20多天没换内衣内裤，汗水湿了又干、干了又湿，脱下后轻轻一拉，就成了拖布条子，卫生衫上都是白虱。

我军把敌军赶到"三八线"以南，此时上级下令全线后撤。大约后撤的第3天，连里有7个伤病员行动不便，跟不上部队。连里决定由副指导员和我在后面负责照顾。在行进中，他们中的个别人实在走不动了，想住下来休息，明日再走。有些人也有此意，而我却坚决不同意，认为在这种时候是不能停顿的，如果停顿下来，会离部队越来越远，而且部队目的地又不明确。好在大多数伤病员同意我的观点，才没有停留下来。当时，我们前面是一座大桥。在我们通过大桥仅几分钟后，密集的炮弹就落在桥的四周，形成一个封锁地带，未过桥的部队和其他人员均被封锁截断。越过封锁线后，我们9人迅速离开公路，从小路插入山里。听说我们进山后，美军坦克已经冲至大桥一带，估计损失不小。据后来所知，钻我们后撤空子的是长津湖战役中被我军包围战败的美军陆战一师，趁我某部掩护部队换防之机从中截断，把撤退和未撤退的部队分割成两段。几天后，经过多处打听部队方向，我们终于归队，不少一人，只有 3 人受轻伤。

杨德崇珍藏的抗美援朝纪念章

当年年底，我调回祖国学习，地点在教导团留守地山东兖州。学习期间，我任学习组长。学习内容大多是如何适应战斗环境开展文教工作，如何做好政治指导员的助手和战士委员会的工作。

1952 年三四月，我再次重返朝鲜前线，分配在后勤部监工连任正式文化教员，监工是战时的一个独特兵种。由于敌机的频繁轰炸破坏，抢修公路、铁路、桥梁的工作是刻不容缓的，紧张时往往还需要在敌机的轰炸下工作。当时的宣传口号是"铁打的运输线""炸不垮的桥""让敌人的炸弹成为废铁"。在监工连开展文教工作比在炮团有利些，因为驻地变动不大、工地人员集中，因此会采用黑板报、墙报、文艺演出等多种形式。平时我们也组织打球、唱歌、军民联欢，活跃部队文化生活。还积极想办法邀请文工队到连队演出，邀请电影放映队到连队放映电影。晚上常深入各班开展"兵教兵""一帮一"的文化学习。在这期间，我还做过运输工作，到后方将食品、用具运到监工的工地，而这些工作又是在敌人的照明弹、炸弹、机枪扫射下进行的。我遇到的重大危险有3次：第1次是敌机的子弹就打到我身边的粮袋上；第2次是车翻到公路外，幸好被树木卡着，才未翻入深谷；第3次是几颗炸弹落到车旁不到2米的河里爆炸，幸亏是河里，如果是平地肯定是会车毁人亡的。

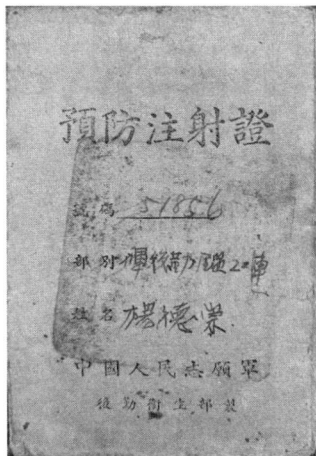

杨德崇珍藏的抗美援朝时期的预防注射证

启程回国那天，朝鲜乡亲都从各处山洞赶来送行，依依不舍。部队向他们献上了"中朝人民鱼水情"的锦旗。

闵际涵口述资料

口述人：闵际涵

采访整理人：姚倩

采访时间：2023 年 11 月 20 日

采访地点：海宁市城中城

老战士档案

　　闵际涵，男，中共党员，1930 年 6 月出生，江苏淮安人。1947 年 12 月参军。1950 年 11 月入朝，在志愿军 20 军 89 师 267 团卫生队。1951 年 12 月回国。

　　我叫闵际涵，1947 年参军，分配在华东野战军第 12 纵队 35 旅 105 团卫生队，我也是在这一年加入了中国共产党。1948 年，我在卫生队工作时立四等功 1 次。1949 年 2 月，华东野战军第 12 纵队改编为中国人民解放军第 30 军。1950 年，30 军军部调归中国人民解放军海军，所属部队分别调归第 20 军、第 26 军、第 27 军建制，30 军番号撤销。我们 89 师划归 20 军领导，调往江苏省太仓县。5 月底，随部队迁到苏州城北太平村驻防。朝鲜战争爆发后，我们部队天天开展理论学习和形势教育。10 月 13 日，我们部队在苏州乘坐火车到山东兖州休整。11 月初，第九兵团奉命赴朝参战。第九兵团计划从山东兖州先到东北，在东北补充必要的冬装后再进朝。当时 20 军是第九兵团后卫，267 团是 89 师后卫。

1950年11月4日，我们上了火车，领了一件棉袄和一条棉裤。在火车上，我们摘下胸章帽徽，凡有中国标识的物件都不准带，限量带随身的衣服、鞋子，多余物件留存。火车开过山海关后，因美军已进到离中国只有40里处了，军情危急，接上级命令，火车开往辑安（现集安市）。在辑安，我看到美军飞机在鸭绿江边的土地上轰炸。于是，267团也由后卫团变成入朝先头团，在东北补充冬装是不可能的了。因此，267团是没有棉帽、棉鞋和棉大衣入朝的团，直到1951年3月天气转暖了，我们才穿上补发来的棉帽、棉鞋、棉大衣等冬装。到夏天时只能掏空棉袄和棉裤作夏装用。

1950年11月8日到达辑安，当晚步行过鸭绿江，向江界前进，向长津湖地区进军。在那冰天雪地的地方，我们没有棉帽，没有棉鞋，也没有大衣。在过江第一晚行军至终点，我穿着的球鞋在冰雪地里湿透了，冻得两个脚的大脚趾头上都起了黄豆大的水泡。虽然疼痛不已但只能忍着，不能影响集体行动。

第二天早饭后，卫生队到山上老树林防空，满山都是笔直大树，敌机飞过时，树梢都在摇晃。卫生队遭到敌机轰炸，医务队有位参加过抗日战争的老军医叫周如宏，他的脚被炸弹炸伤，后回国治疗。

89师进入朝鲜初期的主要任务是阻击在长津湖的美军西进去救援西线被困美军。到11月27日，第九兵团3个军全部到位，长津湖战役打响，将美军一师、三师、七师等分割包围，发起全面进攻，20军主打美陆战一师。到12月2日，整个东线美军在遭到志愿军打击之后感到有被歼灭的危险，于是全线突围，在东线志愿军的全面追击下，东线美军溃败。中国人民志愿军打出了国威。

267团是第九兵团入朝先头团，进入朝鲜后，靠近美陆战一师。军部命令267团占领有利地形。在进到柳潭里附近高山后，与美陆战一师运输第七大队发生了战斗。267团歼敌一部，缴获敌军3000条毛毯等物资。89师政委随即命令将3000条毛毯剪成小块，发给全师战士们包手包脚防冻伤。所以89师是在长津湖战役中冻伤减员最少的，全师冻伤减员仅40人，而其他3个师冻伤减员较多，加上战伤减员，有的已经建制不全。

第二次反击战役，准备极其仓促，冬装未发齐，粮弹供应很困难，加上天寒地冻、山高路滑，又多是羊肠小道，还有敌机狂轰滥炸，所以遇到的困难是难以想象的。但是第九兵团全体指战员发扬大无畏的革命英雄主义精神，英勇顽强地投入战斗，最终取得胜利，并相继收复咸兴、元山及沿海地区，配合西线部队作战，打击了敌人的嚣张气焰，初步扭转了朝鲜战局。此战第九兵团冻伤减员和战伤减员较多，人员和物资需要全面补充，部队整编时间长。

第二次战役结束后，部队整编，89师取消番号，把战斗人员和机关有战斗力的人员补充到其他团队，我们267团机关主要人员编为20军新兵团（新训团）。这时卫生队需要补充药品，我带了两个挑夫，前往军部卫生部领药。北上要经过五老里敌机封锁线。一天傍晚，在离五老里还有两里路远处，遇到朝鲜人民军。他们有一辆汽车滑到公路沟边，另一辆军车打开车灯去拉。这时，听到防空枪响，我们立刻跳进公路沟，向前跑。当跑了近100米时，就听到后面两声炮响，汽车就烧起来了。我们在附近山沟里找到一户我们以前住过的朝鲜老百姓家，当晚就住了下来。第二天过五老里大桥，顺着公路奔向卫生部。白天，公路上没有汽车，也没有大部队，行人也极少。我们3人在敌机来时就跳进公路边的沟里隐蔽，敌机走后就继续前行。这一天，我们共遇到了100多架次敌机。领好药归队后，我们随部队到了元山地区。

之后有一次，我随新兵团到价川接应祖国送来的新兵。到价川的第二天早晨8时左右，我目睹了空战。先是看到十几架敌机在上空盘旋扫射，突然又看到低空有50多架志愿军飞机飞向敌机，随即展开空战。有的敌机冒着白烟逃跑，志愿军飞机继续追击。新兵补充到作战连队后，新兵团随20军向南进军，参加第五次战役。

后来，新兵团过"三八线"，经华川涉水渡过汉江北上驻防。一天，各单位抽出部分人员去粮站领粮，我也是其中之一。中午走到山旁小村庄时，来了十几架敌机在上空盘旋，我和卫生队两个同事刚躲进房屋后的地窖里，敌机就开始轰炸，持续约20分钟。每次炸弹爆炸，我们身上都落下很多灰土。敌机走后，我们出来看到房前周边有8个弹坑，其他单位有人员伤亡，团部管理员被燃烧弹击中，活活被烧死了。晚上到了粮站，我背了一袋面粉往回走，路上遇到一辆运粮汽车，就请驾驶员带我回驻地。我在汽车上把面粉袋压在身下，两手紧抓绳索。简便公路质量差，加上路上有许多弹坑，填补的石块不平，震得特别厉害，每次遇到坑，我都被抛起来。

由于守备战越打越激烈，20军减员需要补充，机关勤务兵、警卫员等都被抽调补充到连队。新兵团又接到回国带新兵任务。1951年9月初，我们从驻地行军回元山、阳德。9月9日到达阳德，市区被炸平了，无一处完整房屋。我们到离火车站不远的山边村里休息，敌人轰炸机在高空盘旋，每半小时转

闵际涵所获军功章和荣誉证

一圈，到火车站上空就投炸弹。晚上，我们在离火车机库不远的地方上了货车车厢，向北开了五六里路，火车就停了下来。因为前面铁路被敌机炸坏了，夜里铁路未修通，火车又倒开七八里，进了火车机库。第二天晚上，我们又上了火车，向顺川、价川、熙川、江界前进。9月11日，过鸭绿江，经辑安、通化、梅河口，转抚顺、沈阳，再转向目的地本溪。火车到沈阳市，我带了两个搬夫下火车去沈阳西郊志愿军后勤总部领药，夜间再坐客车赶回本溪卫生队驻地。新兵团办理接兵手续后，于1951年9月27日随新兵部队乘火车经安东（现丹东市）第二次入朝。

我们新兵团人员于1951年12月7日由朝鲜回国，到安东休息一周，12月14日回到山东兖州，编入20军教导团供卫中队第15队。整个教导团有5000余人，3个卫生队有500余人，在朝鲜发生细菌战时，又抽调了一些医务人员赴朝鲜，抵抗美军发动的细菌战。1953年，我荣获抗美援朝军功章1枚。

闵际涵珍藏的朝鲜语学习用书

闵际涵1953年佩用的胸章

闵际涵珍藏的中国人民赴朝慰问团宣传物品

金香灿口述资料

口述人：金香灿

采访整理人：姚倩

采访时间：2023 年 12 月 6 日

采访地点：海宁市长安镇杏花村

老战士档案

　　金香灿，男，中共党员，1933 年 5 月出生，浙江嵊州人。1951 年 6 月参军。1951 年 7 月入朝，在工兵 18 团警卫连任警卫员和通信员。1955 年 3 月回国。

　　我于 1951 年 6 月在嵊州参军。当时在绍兴柯桥集训了一段时间后，先坐汽车后坐火车到了吉林。在吉林集训了大约半个月。1951 年 7 月，我们从安东（现丹东市）过大桥进入朝鲜。进入朝鲜后，我们走了大约 6 天时间到了永跃（音）。一路上，我们看到路边都是被炸后的汽车、坦克在燃烧，还有许多敌机不停地飞来轰炸，多时达 400 多架次。

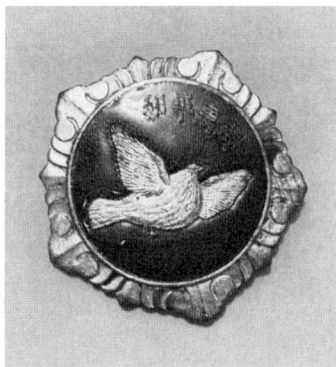

金香灿珍藏的抗美援朝纪念章

白天，一般不能走路，都在休息；晚上，往往还有许多敌人的照明弹，照明弹非常亮，照得夜空跟白天似的。

入朝时，部队发了夏衣、被子和 2 双鞋、2 件冬装、2 件衬衣。到了朝鲜后，我们有时住山洞，有时住老百姓的家里。过了新义州后，朝鲜老百姓的房子是东一间西一间的，相隔很远，很分散，于是我们开始自己挖防空洞住。防空洞很小，只能住 6 人。防空洞也很潮湿，朝鲜冷的时候有零下 30 多度，我的手指关节病就是在那时落下的，现在手已全部变形。在朝鲜，粮食非常紧张，没有大米吃，多数时候吃高粱米，经常是吃不饱的。

工程兵的主要工作是修桥、修公路。我当过警卫员和通信员，在警卫连的工作主要是站岗、保卫首长、保护电台（一个团只有一部电台，我主要是在电台室外站岗）。后来，警卫连改称警通连，增加了一项送信任务。在朝鲜，送信其实是很危险的工作。那时，我们所有的通信员都做好了随时牺牲的准备，每次出门送信前总会将自己的住址等信息留给班里的战友，万一牺牲就可以让他通知家里。出去送信都是跟着汽车走的，一般会在夜里出去，白天汽车是不能开的，因为上空都是敌机在轰炸。通信员是不能坐在汽车里的，必须站在汽车上，这样才方便观察。看到飞机或者听到飞机声音时就要鸣枪，汽车驾驶员听到枪声就会关闭车灯，然后继续前行，哨兵听到枪声后也会鸣枪警报。由于我经常在首长身边，所以曾经听到了一件发生在我们身边的悲痛事。那是有一次，敌机前来轰炸，炸弹刚好扔到了我们隔壁的防空洞。当时防空洞里正住着 6 位警通连战友，他们全部被当场炸死了。

1955 年 3 月，我随部队回到河北昌平。1956 年 5 月，我加入了中国共产党。1975 年 7 月，我从部队转业到海宁。

周六斤口述资料

口述人：周六斤

采访整理人：姚倩

采访时间：2023 年 12 月 6 日

采访地点：海宁市许村镇团结村

老战士档案

　　周六斤，男，中共党员，1929 年 10 月出生，浙江海宁人。1950 年 10 月参军。1950 年 12 月入朝，在工兵第三大队。1953 年 8 月回国。

　　1950 年 10 月，我在嘉兴火车站铁路工会报名参加抗美援朝运动。当时我们一起报名的有 4 人。之后，到上海集合，到沈阳集训，发了武器，集训了大约 10 天时间。到第 10 天夜里，我们从沈阳出发，经吉林，最后从辑安（现集安市）进入朝鲜。到了目的地后，我们住的是民房。铁路部队有工具，在没有抢修任务时就自己挖山洞，一方面可以自己住，另一方面可以给在前线的部队住。我们常年吃的食物是从中国带过去的炒米粉。炒米粉是熟的，冬天的时候，经常是一把雪就着一把炒米粉吃。

　　有一次，铁路被炸后，我们接到抢修命令。抢修到天亮时，还有一些铁轨没有接好。这时，有一列火车要经过。这列火车 5 节车厢装载的都是高射炮、高射机枪等重要武器，是从苏联运送过来的，需要运送到前线去。第一次警报已经拉过，意味着敌机已经出发，朝我们的方向飞过来了。这时的抢修工作只剩下接好断了的铁轨这最后一步了，我想都没想就拿起两块夹板、两颗螺丝，迅速跑过去，想用夹板固定住断掉的铁轨。当我拧完第一颗螺丝刚要拧第二颗螺丝时，第二次警报拉响了，这意味着飞机在我们头顶上空了。因为一颗螺丝还不能固定铁轨，于是我就将身子侧在轨道外，然后拼命拧紧螺丝。前面不远处就是山洞了，为了能躲避飞机轰炸，保全车内那么多重要武器不被炸毁，火车不管不顾向我驶过来了。当我拧紧第二颗螺丝时，火车已开到了，并终于顺利地开进了山洞，躲开了敌机的轰炸。而我被火车撞后抛出了七八米，直接摔在地上晕了过去，好在最终被抢救了过来。因为我在最后关头连接好被炸断的铁轨，使火车顺利开进山洞，保全了5节车厢的武器，所以，那次我荣获了三等功。

鸭绿江上有3座桥由我们大队负责管理和维修。一座是原来就有的，另两座便桥是战争爆发后造起来的，是用60厘米的方木搭建起来的。我们一般是有命令下来才能去抢修。接到任务后，2个班都是全副武装，急忙赶到被炸的地方，并将需要维修的地方包围起来。我们到达后的首要任务是先对抢修的地方是否埋有定时炸弹进行排查，如果有炸弹还需要先处理，处理完后才能过去抢修。抢修期间还需要有人站岗，因为那时有很多特务搞破坏袭击。对我们来说，最艰难的任务就是站岗，因为站岗一般都是暗哨，需要钻进树林中隐蔽，天寒地冻的还一动都不能动，非常难受。站岗都设有口令，答不出口令就要开枪。站岗是几个人轮流的，一小时一轮。我们抢修时一般都会选在下雨天或者下雪天，一般在抢修半小时后就会有敌机飞来轰炸。

停战后，炮兵先回，我们要迟一些，还留了一部分人在那里支援朝鲜建设。

1953年8月，我从朝鲜回国，先到上海铁路局报到。因为离家近，我请了3天假回家。铁路局让我休完假回来后直接去杭州铁路站报到。我在海宁长安火车站下车时碰到了我姐。因为我去朝鲜时没跟我妈说，只是骗她说我要调去东北工作，我妈对我说："那你要经常写信回来。"其实我姐是知道我去朝鲜的，所以当我姐看到我后，激动地抱着我哭，说我妈盼着我的信，因为没有来信，又得知朝鲜在打仗，所以她猜到我是去了朝鲜，于是每天在家里哭。这时，车站上来来往往有许多旅客，一听到我是从朝鲜回来的，一下子就将我团团围住，有的着急地向我打听自己的亲友，有的向我打听朝鲜战争的消息，还纷纷将吃的食物硬塞给我。

回国后我就当上了班长，后来又当了队长。1955年10月，我加入了中国共产党。

周柏清口述资料

口述人：周柏清

采访整理人：姚倩

采访时间：2023 年 11 月 20 日

采访地点：海宁市硖北里小区

老战士档案

周柏清，男，中共党员，1932 年 10 月出生，浙江诸暨人。1951 年 5 月参军。1951 年 8 月入朝，在工兵团一大队大队部任通信员。1952 年 3 月回国。

我于 1951 年 5 月在诸暨报名参军，当时接兵单位是华东军区新兵 15 团。报名以乡为单位，先从村里集中到乡，再集中到县，最后集中到绍兴。我们又从绍兴出发，到萧山坐火车。火车到了吉林后，我们在吉林接受了 1 个月的忆苦思甜教育。然后又坐火车到了安东（现丹东市）鸭绿江边，那时大约是 8 月。部队发了衣服、枪、手榴弹，此后开始过江到朝鲜。到朝鲜后，先是白天走路、晚上休息，走了 1 个星期后，改为白天休息、晚上走路。总共走了 22 天后到达目的地。之后，部队开始整编，我分在工兵团一大队大队部当通信员。工兵团在朝鲜有 3 项任务：一是修防空洞，二是抢修桥梁、铺路，三是修筑炮兵掩体。通信员的主要任务是上情下达、下情上达，传递各种情报，具体任务由班长分配。部队换驻地后，第一次送信时，班长或者老兵会带路，以后就得自己独自去。送信时，有时要走 1 小时，有时要走 1 个半小时，最远的有三四公里。飞机是 24 小时不停地轰炸，我们都住山沟里，走路也常常是摸黑靠着沟边走。我送信一般都是夜里出发，随身携带 1 支长枪、1 把手枪，摸黑翻山走夜路不敢打手电筒，也不敢走大路。此外，还要提防敌人和特务、间谍的攻击。部队修路都在夜里进行，抢修工作非常危险，往往是上空有敌机轰炸，下面还在继续修路，随时都有被炸死的可能。敌机经常扔照明弹，那个照明弹可以亮半小时。当照明弹扔下来时，所有人全部蹲下不能动，动了就会暴露目标遭到轰炸。

1952 年 3 月，我随部队从朝鲜回国，部队驻扎在安东。1956 年 7 月 14 日，我加入了中国共产党。

顾林江口述资料

口述人：顾林江
采访整理人：姚倩
采访时间：2023 年 11 月 28 日
采访地点：海宁市袁花镇双丰村

老战士档案

　　顾林江，男，中共党员，1930 年 6 月出生，浙江海宁人。1948 年 10 月参军。1950 年 10 月入朝，为志愿军 39 军 116 师侦察连侦察员。1953 年 5 月回国。

　　我 11 岁时去当学徒，师父与师母回老家后，我就在外面流浪，成了流浪汉。之后在东北参了军，参军后参加了解放沈阳战役。在东三省解放后，我随部队入关保卫北平，参加过解放天津战役。之后，休整 2 个多月后随部队南下，经过湖南、湖北一直到广西的越南边界。后又随部队北上，到了河南。在河南驻扎后，部队开始准备开展文化培训。我所在的侦察连编成 4 个班，教员是地方上支援的。当一切准备就绪时，朝鲜战争爆发。部队接到通知，北上到海城县，在那里集训，准备了 2 个月左右的时间。1950 年 10 月中下旬，十三兵团的步兵军、特种兵工兵、炮兵分 4 个夜晚由鸭绿江 3 座桥分批进入朝鲜。我也是在其中一个夜晚随部队进入朝鲜的。39 军到朝鲜没几天就打了第一仗——云山战斗。

我所在的侦察连共有 131 人，在第一次战役中，侦察连的指导员牺牲、副指导员骨头被打碎、副连长失踪、连长手臂被打断，整个侦察连最后只剩下 26 人，伤亡惨重。

到朝鲜后，因为白天飞机太多，所以我们一般不行动。第三次战役进汉城（现首尔市）时，汉城都是照明弹，我们侦察连并没有打仗。那时敌人已经撤退。白天在汉城休息 1 天后赶赴汉江，过汉江 60 里后就不动了，被敌人盯住了。过汉江大约 1 个星期后，敌人又来了个反攻。打守备战时，侦察连在马良山边设了 1 间观察室，守了 4 个月。

侦察连的第二条防线是保护板门店谈判现场。当时侦察连只有二三十人，就与师里警卫营第三连合并，这样共有 111 人。

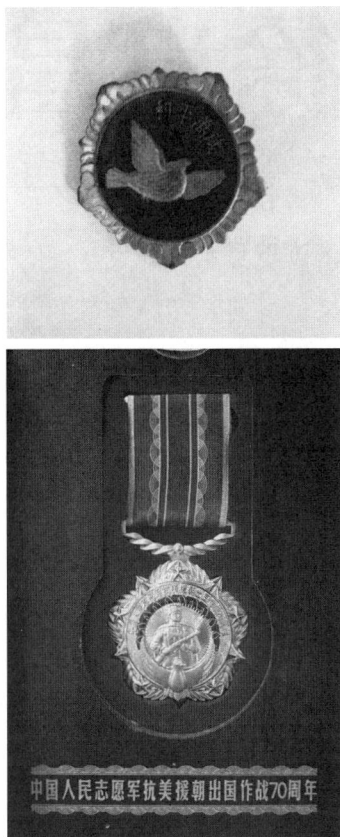

顾林江珍藏的抗美援朝纪念章

我在朝鲜时没有立功，但受过 3 次伤，分别在眉毛上、脚上和屁股上。眉毛上的伤是在一天晚上，侦察连小队趁黑摸到敌人阵地上去抓哨兵，在越过铁丝网时被敌人发现，后来有人踩到了地雷，弹片溅到了我的眉毛上，留下了伤疤。脚上的伤是有一次敌机扫射下来的子弹射在石头上后反弹回来，溅到我的脚上留下的，还好没伤到骨头。屁股上的伤是在第五次战役中敌人撤退时发起攻击而受的枪伤。

1953 年 5 月，我回国了。这一年，我加入了中国共产党。

徐世昌口述资料

口述人：徐世昌

采访整理人：姚倩

采访时间：2023 年 11 月 21 日

采访地点：海宁市文苑路

徐世昌，男，中共党员，1927 年 4 月出生，河南淅川人。1945 年 10 月参军。1951 年 3 月入朝，在志愿军 12 军 31 师 93 团卫生队。1954 年回国。

我是河南省淅川县人，1945 年 10 月参军，在晋冀鲁豫军区第 3 纵队第 7 旅第 21 团卫生队任卫生员。当兵后，先后在河北、河南、山东、山西等地。我是做救护工作的，经常在战场上给伤员包扎伤口，而身边有炮弹在炸，可我什么都不怕。1946 年 12 月，我加入了中国共产党。

到 1949 年时，我们部队到了四川。在贵州时，接到新的任务。大约是 1951 年春节期间，我们辗转坐轮船到了武汉，在武汉坐火车又回到河北。在河北，部队开始整顿，做去朝鲜的准备，比如换衣服、换武器。过了春节，我们坐火车到了宽甸。在离鸭绿江 100 多里路时，我们开始轻装上阵，不需要的东西都不带。之后，在夜里从宽甸跨过鸭绿江，当时鸭绿江上的桥都没

徐世昌所获军功章和荣誉证

有了，我们走的都是浮桥。部队严守"三大纪律八项注意"，无声无息地走了过去。过江后就在路边休息。

到朝鲜后，12军执行的是穿插任务，穿插到汉城（现首尔市），穿插到南朝鲜（韩国）的心脏。穿插任务完成后转移到上甘岭。上甘岭战役分好几个阶段。打上甘岭时，炮弹扔下来很多，我在团指挥部里，领导当时叫我"小鬼"，领导说："救护包发给他们，'小鬼'不要去了。"

我在卫生队主要负责保管救护器材和药品。卫生队有4匹马拉药品。有一次，部队行军70里后到了离汉城大约30公里处，我发现少了一副药品担子，那里面可都是贵重药品。我连忙请领导派人给我。于是我带了一班人，往回走了70多里路，终于找到了药品箱，那时的我太高兴了。找到药品后回到部队又是走了70多里，然后跟着部队又继续行军70里，那次我共走了210里。

运送军火的路途中有好多江和河。美军企图封锁交通，凡是有大江大河的地方都派了好多飞机来轰炸。我们为了赶路，夜里都没有休息过。一次，我们随部队走到江边，因为部队在江的南面，我们需要过江才能赶上部队。

我们走得早，顺利过了江。但有几个走在我们后面的团就遇到了轰炸，他们的救护器材全部被炸掉了，马也被炸死了。过了江，飞机又来炸，有一个营的一位救护干部的脚被炸了，让我想办法救救他。可是我是负责管药品的，脱不了身。于是，我对他说："我要管着药品，如果把东西丢掉了就坏事了，这里救护条件也差，你还是回国去吧，快上汽车，让汽车带你回国。"于是，我将他送上了一辆汽车，之后我就跟着部队继续走了。

在抗美援朝中，我立三等功1次、二等功2次，荣获抗美援朝军功章1枚。朝鲜停战后，1954年，我离开朝鲜回了国。

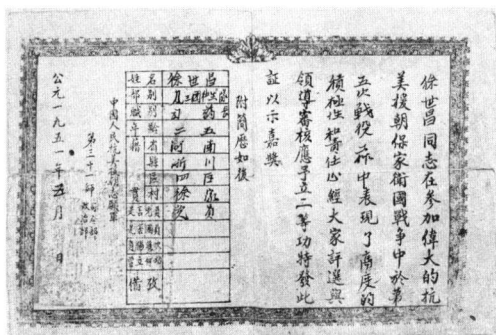

徐世昌获得的二等功证书

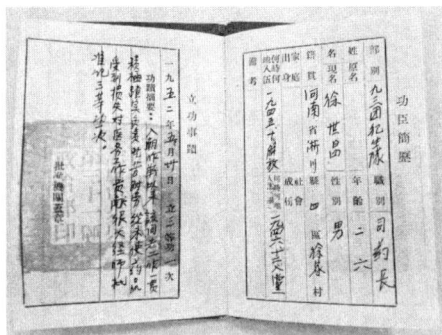

徐世昌获得的三等功证书

蔡看口述资料

口述人：蔡看

采访整理人：姚倩

采访时间：2024 年 6 月 22 日

采访地点：海宁市长安镇青年路 96 号

老战士档案

蔡看，男，1922 年 8 月出生，浙江海宁人。1949 年 5 月参军。1952 年 9 月入朝，为志愿军 23 军 67 师炮兵团指挥连班长。1955 年 4 月回国。

1950 年八九月，开始流传部队要到朝鲜打仗的消息，我所在的部队里多数人要求上前线，但也有人不想上前线，大家争论不断。在一次会上，我第一个站起来发言。我说："美帝国主义勾结诸多国家发动侵朝战争，战火烧到了我国边境，为了保家卫国，我坚决要求参加志愿军，抗美援朝，保家卫国！我们为了解放国家、建设祖国，应当学习革命烈士和革命先辈不怕牺牲的战斗精神。现在美帝国主义侵略朝鲜，战火烧到了我国东北边境，我们应该参加抗美援朝，保家卫国！"说完，会场上响起一阵口号声："我们要参加抗美援朝，保家卫国！"师参谋长表扬了我，说："这就对了，因为只有为国为民不怕牺牲、勇敢战斗的人才是国家和中国共产党、毛主席的好儿女！"

1952年8月，我们从太仓赶到昆山，乘坐火车去往安东（现丹东市）。到安东后，部队驻扎在一家整染厂里。部队发放了装备、服装、枪械，又开会讲解了朝鲜的一些风俗和忌讳等。几天后的一个晚上，我们整理好行装、枪械，等待出发命令。副指导员交给我一辆手推车，让我与另一位战士随队行动，车上装有连部文件箱、背包等。随即连长下令让全连到鸭绿江大桥边集中。当部队发出"可以过江"信号时，乐队奏出了"雄赳赳、气昂昂"的志愿军战歌，我们排列整齐地上桥。天色还亮，可以看到脚下枕木上有一摊摊血迹，是工兵们在修桥战斗中洒下的。到这时，我们才真正闻到了战争的气息。

我对朝鲜的第一印象就是一片瓦砾场。一连3天的行军后，我们到了阳德。指挥部命令全体宿营。师部驻扎在一座四合院式的大房子里，房子四周有一道石砌围廊环绕。附近有一个温泉。我们驻扎的大房子后边有一条甬道直通温泉，那是我有生以来第一次洗温泉澡。洗澡回来，我本想查行军路线，可实在太疲劳了，没等打开地图就睡着了。

从阳德往东是山区，我们走的便是从阳德原始森林中开辟的一条新路，直达元山东海岸。在森林中行进，有时一片漆黑，即使是白天也是伸手不见五指。大同江是朝鲜通过平壤入海的大江，它的上游全是山路，是我们行军中最艰苦的一段路途。一路上房子很少，宿营地安排在凹口或者悬崖绝壁下。人太困了，哪怕有乱石或是凹凸不平的地面，睡下去感觉比现在的"席梦思"床还舒服。后来，因后面渡桥被敌机炸断，粮食运不上来，部队只能向后勤部借马豆（一种小黑豆，嚼碎后能消化）吃。我们的小车上还留着一捆粉干丝，这是营部发的救困粮食，不到极度缺粮时不准动它。所以这东西一直到我们到达目的地时还留着。

朝鲜9月下旬已经开始下雪，在这高山之巅，气候好似严冬。转过山口，山南面的路较平缓，车子才一辆辆跟上来，共有 30 多辆。这 30 多辆不属于同一个部门的车子，东一辆、西一辆地停在靠山的一边。拉车人实在是太疲倦了，一放下车子，一屁股坐下就不想动了。而出过汗的衬衣，好似一件冰衣，贴在身上。我想起入朝动员时跟我们说过"在朝鲜要注意防冻"，假如现在停下来，容易睡着，那就有冻坏的危险。因此我找到管车队的石主任，讲了"不能停"的道理。石主任同意我的说法，立即催促大家站起来继续行军。天亮时，我们到达宿营地。这时我回头看了一眼，发现山南地势比山北低了很多。山南是丘陵低地，山北是高山高原。这条公路在山南，山腰上盘山道有 8 条之多。我们回到了 67 师警卫连连部，归了队。

坪里是一个乡村地名，位于元山西南近百里处。我们师到达时已是 10 月。那时，下着大雪。为了部队能安全过冬，师警卫连 1 排奉命进山烧炭，并点名要我和他们一块去。第二天，我跟随大家进到后山山沟的森林。烧炭的战士在一个缓缓的山坡上挖了一个深 1.5 米、周长约 5 米的坑，把 1 尺半左右长的树棍子劈开的树干，紧紧地叠好，四周和顶上铺上茅草，并用烂泥涂好，使它不裂开也不冒烟。然后开始烧炭，直到没有黑烟出来才封炭窑，等待出炭。而我负责找煮饭菜的柴，比较省力。烧炭任务尚未完成，连部通知我到内山洞，参加组建炮兵观察人员的"观训队"学习班。

学习班位于山沟里的溪沟边，有一间朝鲜木屋。山沟宽阔处的东面，有 8 间独立的草房，正前方有 5 间同样的草房。连长（兼指导员）周觉民说，虽然大炮尚未到达，但先得训练一批炮兵。大家在初步分班、安排住房后，就开始分头工作：有的和草泥修理坑房，有的去后勤处领粮油，有的拖柴火。饭后，大家到课堂上集合，听了周连长的战斗动员。

我们学习的课程主要为炮兵侦察和测绘技术。学习大多是在室外雪地上进行的。周连长往往比学员们早到，下课后，他要看到全部学员妥善地收拾好器材后才回去。我们都是凭了一股爱国热情参加抗美援朝的志愿军，虽到了朝鲜前线，但实际上都没有经历过战争，都没有一点打仗的本领。加上我们这批人有的连小学也没毕业，连三角函数都没有听说过，所以从步枪操练到机枪使用，样样都得学。周连长花了很大的精力，他往往用简单、幽默的语言引导大家自觉学习，如炮兵测绘一课，周连长采用"器材交换"法，使大家一学就会。有一段时间，连续10多天好天气，榴弹炮也到位了。上级交给我们一个检测每门炮射击系统的任务——给这些炮定出个"提前修正量"。这些都是"老掉牙"的旧炮，用手一扳，它就"壳秃壳秃"地响。射击前必须事先求出它的高低、方向修正量。炮阵地选好了，我和战友在10里外一个大山沟里，找一棵大树当目标。这个山沟左右都是大沟，只有东山沟口有一个朝鲜小村庄，离目标有800米以上，其他的都是山。我们回到观察位置，向炮团首长、炮营营长、连长汇报了四周状况。大家认为离村庄超过800米，试炮时不会出问题。所以，马上准备试射一炮。我根据炮的间隙，加修正量，增添两个药包。谁知一炮打出，炮弹不知飞到了什么地方去了！吓得我们脸都白了。幸亏连长是个老炮兵，已测到炮弹打到了偏东500米的山沟里去了。在他的指点下，我们看到山沟中一丝上升的白烟。好在离朝鲜村庄还远。连长说："这炮是我们同志用鲜血从日本鬼子手里缴来的，它虽老了，但经校正，还是和新炮一样，可以打击敌人。"有此经验，各炮的校正工作顺利地完成了。我们的学习也结束了，要去当"大炮的眼睛"了。

学习结束后，我们被编入炮团指挥连测绘排战斗序列。因营房未建好，我们班先借住在"阿妈妮"家里。因为要烧炕、烧水，要准备柴火，我们就到山边锯下两棵大树。谁知我们砍的两棵树中有一棵是"阿妈妮"家种的板栗树，所产板栗是她家的粮食之一。我知道违反了纪律，马上向连长汇报了这个情况。政治部给"阿妈妮"送来了钱和大米以作赔偿，但我心头总有一种负疚感。之后，隔一段时间我就送一袋锅巴给"阿妈妮"，直到我去观察所值班才停止。

1952年底，23军奉命到"三八线"上接防38军。1953年1月底的一天，我和两名战友到282.5高地观察所值班。观察所前面是一片开阔地，中间有一座丁字山，丁字山连着敌军驻扎的山脚，一排山头后面是美国范佛里特将军的指挥所。天德山东面有一条大路，北面就是我们前面的334棱线（山岭）和石岘洞北山。这两座山、一条棱线就是保卫汉城的头条防线，美军非常重视这条防线，白天巡视不断，晚上3只探照灯一刻不停地照射。我们的侦察活动经常受到敌人的50式机枪和334棱线上的3辆坦克的威胁。所以我们观察所的任务非常重，每周都要以书面形式向师部报告敌人的活动情况。当时我还摸不准敌人侦察机的规律，有一天我到团部送报告，出了观察所就一个劲地往山下跑，被一架"老病号"侦察机发现了。顿时一门大炮照准我发射，头一炮炮弹没有爆炸，我捡了一条命。之后第二发、第三发……一连8发炮弹都在我身边4—5米处落下，我发觉情况不对，拼命向前跑，跑到第6发炮弹打来时我实在跑不动了，干脆不跑而慢走起来，最后一发炮弹"卟"的一声响时，我已在岭线之外，有山挡住了。

在282.5高地观察所，每天6小时的值班紧张而专注，我们还给观察所的所有地点都取名编号。1号是宿舍，那是两块非常大的石头，合成一条丈余的"人"字形缝隙，底部有8尺宽的空间，给我们做了宿舍。2号是观察所，它是从山顶边上挖一条战壕通到山顶左边，我们从中挖了个半径6米左右的大洞，正面挖出一道长条口子，安放炮队镜，视角很理想。

1953年3月20日，我奉命到前线各高地测绘防御设施布置图。这一天到光大岱。因为我不熟悉道路，前一天4连指导员派了1名小通信员给我带路。一进交通沟，小通信员就叮嘱我，这里是敌人334棱线上的坦克监视地，要特别小心。他叫我走在前面，走路时要把腰弯低点，我就按他的嘱咐把腰弯得不能再低。当走到刚被敌人坦克炸开的一个缺口处时，敌人坦克炮响了。这时我刚走过那缺口，回头看到小通信员的头和右肩已被炮弹炸掉，我欲哭无泪，只能向他敬了个礼，并握紧拳头发誓：一定为他杀敌报仇。

那天回到师部，我向作战室汇报：光大岵前面开阔地上美军的坦克和 50 式机枪的存在，对我们侦察人员和巡逻小队的威胁很大。之后，师部命令山炮营限期消灭敌人的 50 式机枪。我们在天未完全黑之前，把卸开的山炮零件搬到阵地。第二天一早，拉响山炮击中目标后，立即拆卸炮体随卸随捐，我们胜利打掉了敌人 2 挺 50 式机枪。我们的坦克兵在光大岵山脚对面的驿谷川峭壁背后山坡下挖了 2 米深坑，第一层铺沙石，上面一层为乱石加沙石，上铺一层 10 多厘米厚的原木，再在上面铺好大石和沙石，坦克才平稳地驶进。第二天做瞄准准备，第三天才正式用 3 发炮弹炸毁敌人 3 辆坦克。后来，我在一次战斗中负了伤，退出了作战前线。1953 年，我被志愿军 23 军司令部政治部授予"连队工作模范"称号。

1955 年 4 月，我回到了祖国。

潘德潘口述资料

口述人：潘德潘

采访整理人：姚倩

采访时间：2023 年 11 月 22 日

采访地点：海宁市西南河小区

老战士档案

　　潘德潘，男，中共党员，1932 年 3 月出生，甘肃榆中人。1951 年 4 月参军。1953 年 1 月入朝，为志愿军 1 军 7 师 21 团 6 连战士。1957 年 2 月回国。

　　1953 年 1 月，我们部队从甘肃酒泉出发，跨过鸭绿江，经过新义州后到了一个叫上埔坊（小地名）的地方。我们到那地方时，上甘岭已经打下来了，大规模的进攻战斗已停止，双方呈对峙防御状态。我们当时的任务是坚守阵地，白天一般不出击，晚上经常摸到敌人阵地去侦察情况。

　　晚上出去的队伍都是从各个班抽的，一般不超过 30 人。由于我个子高，是扛机枪的，所以也把我抽去了。那时，我们与敌军相隔很近，最近时只有二三百米。一次，我们对面有个敌人的 4 号阵地（我们自己私下编的），阵地很长，中间延伸出来有几个山坡，山坡上建有几个碉堡，我们管它叫"红白碉堡"。他们的碉堡是用钢管组装好再用螺丝固定的，非常坚固。而我们没有，我们的防御设施都是自己挖出来的。他们那里的碉堡晚上有人看守，天亮后又撤回去。我们摸上山坡后发现，山坡上面原来非常大，飞机炸弹炸出一个大坑，坑里堆放着木头。我们走着走着，忽然，木头上的钉子刮到了我的裤子，木头滚落后发出一阵声响。连长马上怒喝道："你干吗！"在离碉堡还有一段距离时，连长交给我一个任务，就是让我上前去，把手雷从碉堡的窗口塞进去。拿着手雷，我寻思着：也不知道这手雷能不能塞进窗户去。于是我悄悄地走到窗口，并偷偷地往里张望，看到里面有一个小床铺，上面有个人半躺着在睡觉，大概是个军官，边上坐着个士兵，手里抱着枪，也在打瞌睡。从窗户一角也只能看到这半间房，于是，我没再多考虑就将手雷一拉扔了进去，也没管它响不响，就拼命向山坡下跑。

在敌人前沿阵地，他们一共拉了三道铁丝网，我们为了进出方便，在铁丝网中间开了个出入口。我跑下来时，因为草长得很高，晚上又看不清，找不到出入口了，于是只能从铁丝网上爬出去，裤子都被勾破了，脚也被划破了，却浑然不知。敌人的炮火打得很猛烈，我就躲在了附近的一个猫耳洞里，等炮声小了点后，又拼命地往回跑。这时，部队的人早已撤回自己的阵地。当我气喘吁吁回到部队时，连指导员在外面等我，看到我高兴地说："哟！你可回来了，我们以为你牺牲了。"这时，我才发现自己的脚被划开了很长一道口子，还在流着血。

那时，我们阵地那有个山沟，敌人欺负我们没有高射武器，他们的飞机飞得很低、很慢，不断地在我们那盘旋，侦察我们的情况。我们在山顶上还能看到他们的驾驶室，但我们也不甘心，于是，所有的武器一起开火。后来他们大概也是怕了，没有再来过。我们在阵地前沿构筑了一个观察室，由战士轮流值班观察敌情。但时间长了，这个观察室就被敌人发现了，他们的坦克炮直接打入观察室，那一次，我们牺牲了不少战士。

敌人很狡猾，停战前夕，他们将自己的碉堡全都炸掉，他们的飞机又撒下很多像蝴蝶一样的东西，最后，我们的战士以及朝鲜的老百姓死了不少。1953年7月27日停战后，我们的阵地到处插满红旗，白天都是敲锣打鼓的。停战后，我随部队在朝鲜帮助建造营房等。这一年的9月，我还加入了中国共产党。

1957年2月，我回了国。

桐乡市

张鹤鸣口述资料

口述人：张鹤鸣

采访整理人：钱星辉、戴雨琦、陈永治、赵明煜

采访时间：2023 年 11 月 24 日

采访地点：桐乡市梧桐街道环北新村市府宿舍

老战士档案

　　张鹤鸣，男，1935 年 1 月出生，浙江嘉善人。1949 年 6 月参军。1951 年 6 月入朝，在炮兵 7 师 21 团。1953 年回国。

　　我叫张鹤鸣，出生于 1935 年 1 月 16 日，是嘉善县干窑镇北浜底人。我的父亲是米行职工，母亲在我 8 岁时不幸去世。父亲微薄的收入难以维持一家人的生计，因此我只读了 3 年书，在 10 岁那年便辍学去了西塘镇一家理发店当学徒。13 岁那年，经一位老乡引荐，我去上海谋生。

　　1949 年 6 月，我加入了中国人民解放军，在 30 军 90 师 269 团卫生队任护理员。1950 年 6 月，我调入解放军炮兵 7 师 21 团当通信员。1951 年初，团部安排我去南京军区学开汽车。回部队后，我就给团首长开吉普车。

　　1951 年春，我随部队参加中国人民志愿军，开赴前线，驻扎在吉林省中朝边境一个名叫五龙背的小镇附近，集结待命。大约 2 个月后，于 1951 年 6

月初，乘火车跨过鸭绿江。进入朝鲜后，为躲避敌机轰炸，机车牵引着列车，只在夜幕下行驶。列车快进入崇山峻岭时，被几架美军飞机发现了，瞬间"嗒嗒嗒"一阵接着一阵的枪声传来，呼啸的子弹撞击着车厢。同时，飞机投在列车两侧山坡上的炸弹掀起的石块、尘土滚滚袭来，砸得车厢发出"砰砰砰"的响声，震得我们的耳朵嗡嗡作响。火车白天停，晚上开，时而前进，时而后退，开开停停，终于到达指定的战斗阵地。我们赶上了志愿军运动战阶段的第五次战役，在"三八线"附近进行大规模反击战。我们团配有4门榴弹炮，威力很大，射程较远，可以打20多公里。

从1951年8月开始，以美国为首的"联合国军"采用逐段进攻、逐步推进的战法，实施空中封锁交通线的"绞杀战"。我方志愿军即转入以"充分准备持久作战和争取和谈达到结束战争"为指导的防御战，采取以阵地战为主的策略。我所在的部队，既参与了此次防御战，又参加了1952年春夏季巩固阵地与反轰炸的战斗。1952年6月，在一次执行任务中，我开着车遭到数架美F-80战斗机的轮番轰炸，幸亏团首长不在车内。因为我开的是军用吉普车，美机驾驶员以为是志愿军高级指挥官的座车，于是在空中紧追不舍，企图将小车一举炸毁。我急忙采用快速、曲线迂回的方式开车，不断地变换行驶方向，以至于敌机一时也无法锁定位置。炸弹不断地在周围爆炸，其中一颗把我的吉普车掀翻，一下子掉到山沟里。当汽车跌落时，我从车里被抛了出来，就什么也不知道了……

我在山沟沟里昏迷了一天一夜，朝鲜"阿妈妮"发现我后，把我送到了团部。团后勤部立刻把我转送到了设在国内五龙背镇的志愿军医院抢救，在医院整整躺了3个月才痊愈。康复后，我重返战争前线，继续为炮兵团首长开车。

1953年7月27日，朝鲜停战协定签订。不久，我们这支炮兵部队就回国了。我在朝鲜参战，历时2年多。

熊增三、程克全口述资料

口述人：熊增三（丈夫）、程克全（妻子）

采访整理人：庄永明、钱星辉、戴雨琦、沈晓洲

采访时间：2023 年 11 月 28 日

采访地点：桐乡市梧桐街道复兴路和济颐养院

老战士档案

　　熊增三，男，中共党员，1933 年 6 月出生，湖北鄂州人。1949 年参军。1952 年入朝，是一名通信兵。1958 年 8 月回国。

　　程克全，女，中共党员，1934 年 3 月出生，安徽六安人。在朝鲜期间为电话交换机的话务员。

（本文以熊增三为叙述者）

"雄赳赳，气昂昂，跨过鸭绿江！保和平，卫祖国，就是保家乡……"这首歌，陪伴我们度过了战火纷飞的青春岁月，也激励着我们夫妻以不畏艰难的精神相携走过 66 年。

我出生在湖北鄂州，小时候，逃难到浙江杭州。1949 年，我参了军，并考入华东军政大学，学有线通信，1952 年毕业。后来，去了朝鲜参加抗美援朝战争。战场上，我是负责保障电话畅通的通信兵，我老伴程克全是话务员。

我们都是战场上保障电话畅通的工作人员。我老伴还清楚地记得，当年赴朝的路上满车战士慷慨激昂的样子。但这段"雄赳赳，气昂昂，跨过鸭绿江"的记忆也格外沉重。敌军飞机、炮弹的接连轰炸，轰炸过后的破瓦残砾……战争的残酷曾让我们感到害怕，但是很快，这样的情绪被保家卫国的热情代替。为祖国而战，我们感到很光荣。

战争中，我们两个被分配在同一个工作组，虽没有直接上前线，但保密战场的战斗同样激烈。作为首长的"耳目"，我们的工作往往在夜里进行。我老伴要时刻保持警觉，电话灯一旦亮起，她必须马上分析出是哪位首长打来的电话，并且迅速作出判断，准确转接电话传达作战指令。而在电话接通的那一刻，我需要保证通话不被窃听，同时还要不断调试设备，让电话信号不受干扰。

对我们来说，通信比生命更重要。"坚守岗位、严守秘密、分秒必争、准确无误"的工作准则至今仍刻在我们内心深处。

1957 年，在朝鲜期间，我们结了婚。那时候，结婚仪式很简朴，就是战友们一起喝了口茶。我们在战场上收获了爱情，结成了革命夫妻，一辈子风雨同舟，很幸福！

如今，看到国家那么富强，人民那么幸福，我们都特别高兴。祝愿祖国更加繁荣昌盛，人民生活更加幸福安康。

杜肇宇口述资料

口述人：杜肇宇

采访整理人：钱星辉、戴雨琦、朱方红

采访时间：2023 年 11 月 23 日

采访地点：桐乡市梧桐街道九曲小区

老战士档案

杜肇宇，女，1934 年 11 月出生，北京人。1950 年参军。1951 年 9 月入朝，是一名卫生兵。1954 年 5 月回国。

我小时候在北京长大。后来全家去了重庆。我初中二年级时随父母迁居四川江津，并在当地继续求学。1950 年 1 月，我在亲戚家的纺织厂找到了一份工作。那一年，部队到当地招卫生兵，我满怀热情地报了名。在部队，我学习包扎、打针等技术。1951 年 9 月，我作为卫生兵，和战友们一起踏上了朝鲜战场。

虽然我当时年纪小，只有 17 岁，但我清楚地知道，自己要去战斗！战争是如此的残酷，当一个个满身是血的重伤员被陆续送到我所在的后勤部时，我的心像是被紧紧地揪着一样。最开始面对受伤的战士，看着碗口大的伤口，我的心都在颤抖。可我只能不停地告诉自己："稳住、稳住，我可以！"

那时，战火连天，防空洞里弥漫着血腥味，我们卫生兵每天两班倒，12小时连续工作。可每当我的脑海中浮现战士们在前线奋勇拼杀的场景时，我就一点也不觉得环境恶劣。除了常规的止血、包扎、固定、穿刺等工作，我们还要负责伤员的日常照料，也要挖坑、砍树、整修，去兵站背粮食、给一线战士挖野菜等。有些伤员负伤重，没法独立上厕所，我们就扶着他们去。到了吃饭时间，我们就给他们送饭菜……

杜肇宇在朝鲜时的照片

战争于我而言，除了救死扶伤，还有死亡的威胁。虽然我们在防空洞里，但也能听到远处传来的隆隆炮声，头上四处盘旋的美军飞机冷不丁就会扔下炸弹……

那时，我们卫生兵随部队而动，为避免被敌人的飞机发现，只能在夜间行军，最多的时候，一天大概走90里。冬天，我们穿着解放鞋行军，为了防滑，我们拿稻草绑在鞋上。雪天时上山靠爬，下山靠滑，就这样一路坚定地前进。

回国后的第二年，我转业到河南省卫生系统工作。我丈夫是桐乡人，于是1970年我随丈夫到桐乡工作。退休后，在桐乡安度晚年。

70多年过去了，看到祖国日渐强大、人民生活越来越幸福，我很高兴，也很自豪。

朝鲜人民军协奏团欢送志愿军回国合影留念

缪醒龙口述资料

口述人：缪醒龙

采访整理人：钱星辉、王江良、陈永治、赵明煜

采访时间：2023 年 12 月 20 日

采访地点：桐乡市梧桐街道先锋新村

老战士档案

　　缪醒龙，男，1936 年 7 月出生，浙江黄岩人。1951 年 9 月参军。1953 年 3 月入朝，在志愿军 21 军 62 师 186 团。1956 年 2 月回国。

　　我叫缪醒龙，于 1936 年 7 月 17 日出生，是浙江黄岩城关镇人。我在 15 岁时进入黄锡金五金厂当学徒，还没满一年，就于 1951 年 9 月 14 日参了军。参军后，我在中国人民解放军 21 军 62 师 186 团军械库修械所当战士。1953 年初，我所在的部队接到命令，开赴吉林省通化市鸭园地区，准备入朝参战。

　　在通化集结待命一个多月后，我们乘坐闷罐车跨过鸭绿江。进入朝鲜的第二天，我们就遭到敌机轰炸，我战友的头被车厢顶部震下来的木块砸伤了。为了躲避美机轰炸，运送我们的火车都是晚上行驶，时而前进，时而后退，开开停停，直到 3 月初部队才抵达"三八线"附近。

　　当时，志愿军正准备春季反登陆战役，作为预备队的 21 军和 47 军的各

3 个师开赴前线，分别进入指定的战斗阵地。我所在的团修械所有 12 名战士，其中所长高明旺是河南人，周庆泰是山东人，他俩是中共党员，还有江西籍战友王金春等。一到驻地，两个党员便拿起十字镐，带头在山沟沟里挖防空洞。

我年纪最小，大家都叫我"小鬼"。我也拿了把铁锹，和战友们一起挖防空洞。天寒地冻，挖洞十分困难。挖的防空洞不大，人住得下就行。在洞外，我们用木头架子搭起伪装的布棚，作为修理枪械的工场。但工场缺乏相应的设备，主要靠我们手工操作，晚上也只能吊起煤油灯工作。

在硝烟弥漫的战场上，各连队送来修理的武器什么样的都有。有国产的 50 式冲锋枪，有较多的苏制的枪械，如捷格加廖夫轻机枪、郭留诺夫重机枪、德什卡高射机枪等，还有 82 毫米口径迫击炮、57 毫米无后坐力炮等。一般情况下，我们一人修一支枪，但大型的枪械要两人或几人一起修。不管送来什么枪械，我和战友们都要修，而且还都得会修，我们常常是凭经验、靠摸索把它们修好。遇到修理困难一点的或大型的枪械，我与周庆泰搭档较多，我们两人商量后总能很快就修好。但是，口径磨损的枪械没法修理。我们有测量仪器做鉴定，磨损分 6 个等级，达到 6 级的就按规定报废了。国产 51 式手枪是仿制苏 7.62 毫米托卡列夫手枪，排以上干部配备，后来的 54 式手枪也是仿制苏联的。

修械所战士每年要到师部或军部集训。武器改装后，要了解新武器的结构、发射原理。时间虽短，但我们都学得非常认真，往往很快就能掌握修理技术。

我们这支部队到朝鲜时，后勤供应已有所改善。每天三餐，两餐高粱米，另一餐有时候有馒头，但没有新鲜蔬菜吃，所以得夜盲症的很多。后来给每人发了多种维生素，御寒则有军大衣和靴子。

1953 年 7 月，在金城战役中，我方歼敌 5.3 万余人，收复阵地 160 余平方公里，沉重打击了美军和李承晚军队的嚣张气焰，促进了朝鲜停战的实现。在这场战役中，第二十兵团辖 5 个军共 15 个师，其中我们这支部队承担主攻任务。

金城战役期间，我们修械所 12 名战士拧成一股绳，夜以继日地抢修枪械，没日没夜地工作，支援前方战斗。修械所设在山沟沟里的隐蔽处，但仍有敌机低空侦察，有时连我们头上的帽子也被飞机飞过时产生的气流吹落。

在这场战役中，我两次获得团部嘉奖，所在修械所荣立集体三等功。1953 年 9 月，经陈廷魁、高明旺介绍，我在朝鲜战场上加入了中国新民主主义青年团。后来，我当了班长。

我随部队入朝后，在平安南道西部的肃川郡住了 1 年多，在江原道元山港待了 1 年多，还在水庵里等地驻扎过，直到 1956 年 2 月回国，历时 3 年。

我的许多战友已经不在人世了，我还健在，很是幸运。转业后，我当了39 年普通工人，虽然很平凡，但我依然感到幸福。

熊维新口述资料

口述人：熊维新
采访整理人：钱星辉、王江良、韦千红
采访时间：2023 年 12 月 21 日
采访地点：桐乡市崇福镇青阳路

老战士档案

　　熊维新，女，1936 年 10 月出生，浙江杭州人。1952 年 7 月参军。1953 年 4 月入朝，在中央军委总政治部文工团越剧队。1954 年 12 月回国。

　　我叫熊维新，1936 年 10 月出生于杭州。1950 年，考入玉兰剧团，成了一名小演员。我们剧团是著名越剧表演艺术家徐玉兰创建的。

　　1952 年 6 月，中央军委总政治部派文工团副团长史行、剧作家黄宗江和总政歌舞团的兰茜三人到上海，为文工团组建一个越剧队。他们在上海文化局戏改处了解情况后找到了我们剧团，当时招收的条件是成员年轻、政治上单纯、业务好。通过现场考核，我顺利通过，圆了我的女兵梦。7 月初，我和徐玉兰、王文娟等艺术家一起，参加了中国人民解放军，成为总政文工团越剧队演员。7 月 25 日，我们一行人从上海火车站出发到北京。在北京火车站，总政文工团团长陈其通迎接了我们。

熊维新在朝鲜时的照片

到了北京没几天，就赶上八一建军节，中国人民解放军在先农坛举行第一届全军体育运动大会。开幕式排练时，我们第一次看见了毛泽东主席、周恩来总理和朱德总司令等党和国家领导人，特别兴奋和激动！

1953年4月24日下午，我穿着中国人民志愿军军装，跨过鸭绿江进入朝鲜。在朝鲜国土上，见到的都是一片片焦土和残垣断壁，这些场景加深了我们对敌人的痛恨。

我们在第一次慰问演出途中多次躲过美军飞机的轰炸，终于到达了目的地。那是一个阴暗潮湿的大矿洞，两辆汽车合并在一起就是演出舞台。我们接连为志愿军战士演出了8场，原计划是5天，结果演出了17天，延长了12天。有时候，在我们演出的过程中，外面的枪声和炮声成了独特的"伴奏"。

5月21日下午，我们团前往志愿军64军开展慰问演出，我们抓住敌机轰炸的间隙，冲过了封锁线，到达64军驻地。64军的演出舞台是由泥土和石头堆成的，四周与台顶都用树枝和草叶编成。即便是伪装成这样的舞台，在演出中也会受到敌机的不断干扰，时常演演停停。去第十九兵团演出时，我们见到了志愿军战斗英雄，听他们讲述战斗中的英勇事迹。

在朝鲜前线开展慰问演出的几个月内，我们团受到了前线战士的热烈欢迎，大家称呼我们为"唱越剧的志愿军女兵"。总政也发来了电报："朝鲜演出，受到志愿军战士好评，好好锻炼，为人民立功。"

在朝鲜，我认识了我的丈夫陈家齐，他是开城停战谈判代表团的军医，我们都来自上海，在相互通信6年后，我们于1959年1月1日结婚。1953年7月，朝鲜停战之后，我们奉命参加交换战俘的服务工作。从8月5日开始，我们站在板门店"祖国怀抱"牌楼下，迎接我方归来的战友，给他们发放日用品，进行登记等。每天交换战俘，就好似上一堂堂心理课，那种场景，令我刻骨铭心，难以忘怀。每天上午9点开始，敌方的战俘个个精神饱满地穿着新衣服，拿着给他们的礼品和背包高兴地回去，而我方被俘人员则是面黄肌瘦，一到"祖国怀抱"的牌楼下，就禁不住放声大哭，控诉美方虐待我战友的残暴行为。

有一天，徐玉兰两眼哭得红红的，因为她遇到一个上海老乡，18岁参军，3个月后被美军俘虏，在战俘营被打得浑身是伤，人瘦得只剩下一把骨头，敌人恶毒地在他身上文刺反动文字。我们的战士，以对祖国的赤诚之心愤怒地声讨美帝国主义的滔天罪行。

交换战俘工作结束后，我们又参加了第三次赴朝慰问团的工作。寒冬腊月，大雪纷飞，我们在用四台卡车拼搭的"露天舞台"上演出，气温零下三四十度，大家冻得嘴唇发麻，鼻涕直流，琴师手指冻僵了，用热水袋暖暖手再继续演出……

1954年底，我回国了。

宣志盼口述资料

口述人：宣志盼

采访整理人：钱星辉、王江良、刘明桓

采访时间：2023 年 12 月 21 日

采访地点：杭州市上城区八卦新村

我出生于 1933 年 2 月 3 日，是浙江金华浦江人。我在家乡完成了小学、初中、高中学业。1950 年 1 月，我在浦江报名参加革命大学（革命军队），而后在浙江诸暨加入中国人民解放军 26 军。

1950 年 9 月 20 日，正式下令，开赴山东境内津浦路沿线。我所在的 26 军部队迅速从萧山出发，至山东境内集合，驻扎在藤县。10 月中旬，兵团各部到位。10 月底，在曲阜召开兵团团以上干部入朝作战动员大会，朱德总司令亲自赴会做

宣志盼保存的中国人民赴朝慰问团赠送的搪瓷杯

287

动员讲话。

1950年11月，我们作为第一批入朝部队秘密进入朝鲜，我当时是第九兵团26军77师231团2营7连的军医，参加了长津湖战役。1952年6月，我从朝鲜战场回国。这期间，我立下了战功并加入了中国共产党。

顾伯民口述资料

口述人：顾伯民

采访整理人：钱星辉、王江良

采访时间：2023 年 12 月 18 日

采访地点：桐乡市梧桐街道东兴社区

老战士档案

　　顾伯民，男，中共党员，1933 年 1 月出生，江苏吴江人。1953 年 2 月入朝，是一名铁道兵。1955 年 1 月回国。

　　1951 年 6 月，我从革命大学（革命军队）一部八班一组学习结业后报名参军，被批准后就到南京华东军区青年干校学习。经过九个多月的紧张学习后，在即将转入学习机要业务时，我因患低血糖症而两次晕倒，领导决定让我病退回家。听到这个决定时，我好像被一盆冷水浇在头上，顿时感到心灰意冷，但又无可奈何，只好与同班的郑皎如一起离开学校和亲密的同学。回到家中休息了一个多月，就由镇政府介绍到供销社工作。我迅速调整心态，振作精神，保持革命大学和青年干校的作风，勤奋工作，当年 12 月就加入了中国新民主主义青年团。1953 年 1 月，镇政府动员有志青年参加抗美援朝，我想报名应征。当时，朝鲜正是战火纷飞，有朋友对我说，你现在已有稳定的工作，何必再去部队受累，况且到朝鲜战场随时都有生命危险。但我没有听从他们的劝告，觉得有志青年应该到祖国最需要的地方去，况且我受过革命大学和青年干校的教育，应当选择回部队。在做好家庭成员的思想工作后，我毅然报名参军，经体检合格，终于实现了重返部队的愿望。2月1日欢送新兵，全镇数千群众夹道欢送，我们胸戴大红花，迈着豪迈的步伐，在军乐队的引导下，雄赳赳、气昂昂地踏上了抗美援朝的征途。

经过新兵营一个多月的政治教育和军事训练，3月5日这天，我们在苏州上了火车，全排40多名战士挤在一个闷罐车里，倒也觉得暖烘烘，沿途高唱革命歌曲，斗志昂扬。大家有说有笑，互相鼓励，决心要为祖国、家乡增光。途中，每天由军人接待站供应两餐饭，吃惯三餐的我们，每次尽量吃得饱一点。火车过了山海关，天气越来越冷，车上也生起了火炉，我们穿上了棉大衣。部队给每人发了一枚"中国人民志愿军"胸章，这才正式宣布要去朝鲜。实际上，我们早已猜到了，大家用别针戴上胸章，为成为志愿军的一员而感到光荣与自豪。经过四天四夜的跋涉，终于到达中朝边境的通化市。连长命令大家整理好行装，熄灭炉子，给每人发了两块压缩饼干，准备过江。晚上9点多，列车从鸭绿江大桥上缓缓驶过，很快就在满浦车站停下来。连长说目的地到了，大家穿好大衣和皮靴，背好背包，扛好枪，纷纷下车。一下车，猛觉寒气透骨，眼前两边是崇山峻岭，全被冰雪覆盖，四周看不到一点光，只听到远处传来阵阵炸弹爆炸声。连长迅速组织队伍集合，大家在朝鲜向导的带领下，在崎岖的小路上摸索前进，不时听到"不准讲话""紧紧跟上"的喊声。由于天黑路滑，不时有人跌倒，好在都穿着棉大衣，跌倒也不觉得痛，爬起来继续前进。因天黑，队伍走了冤枉路，走了大约2小时后，在一个山沟小村庄里停了下来。我们班13个人被安排在一个约9平方米的大炕上休息。一进屋，我们也来不及洗漱，打开背包就躺下。人都挤在一起，倒也不觉得冷了。由于累极了，大家很快就进入梦乡。此情此景，在我脑海中至今记忆犹新。从此，我们将为保卫钢铁运输线而英勇战斗。

为了确保祖国军需物资源源不断运往朝鲜前线，上级决定在中朝边陲满浦车站附近修建一条铁道便线。这个任务就落在我们新兵连身上，我们排的任务是筑路基。每天起床后，我们匆匆在冰冷的溪水中洗脸、刷牙，吃上一碗高粱米饭加土豆、萝卜之类的早餐，就立刻出发，在冰雪小道上艰难地走一个多小时才到工地。我们全凭一双手，用洋镐、铁锹刨开冻土，装进草袋，然后靠肩扛背驮运往路基。在百米路程上，人人干得汗流浃背，手上起了泡，却没有一个叫苦叫累的，大家把每运一袋土看成是为打击美帝增添一份力量，所以干得非常欢畅，原来上级要求每人完成两立方土的任务，最后竟以超额50%的成绩完成。有一天，一早就下起鹅毛大雪，满山遍野白茫茫一片，连眼睛都睁不开，有的战士调侃说，今天老天爷要让我们休息了！谁知一会儿就听见哨声响起，大家立即集合，连长宣布为了抢时间、赶速度，要连续开工。于是，我们迎着飞雪赶到现场，大家都成了雪人。掸掉身上的雪花，我们就干了起来。我们就这样连续干了半个多月，尽管敌机多次来轰炸，我们还是按期完成了任务，经受住了考验。

抢修完铁道便线后，我们编入志愿军铁道兵4团6连，住在价川附近一户老百姓家中。我和副班长负责铁道线巡逻。每到傍晚，我们就拿着手电筒，背上枪，在10余公里长的铁道线上来回巡逻，检查每一个道口、岔道、铁轨和铆钉，防止被敌人破坏，遇到问题就及时处理。有一天夜晚，一辆朝鲜老百姓的牛车卡在道口，远处一列火车正缓缓驶来。朝鲜老乡急得直跳脚，我们连忙跑步过去和他一起把牛车推出道口，让满载军需物资的火车平安驶过，避免了一次事故。还有一次，我们在巡逻时忽然发现天空有个亮晶晶的东西掉下来，以为是炸弹，立即隐蔽起来，只听到扑通一声，却没有爆炸，过去一看，原来是敌机扔下的一只汽油桶，算是虚惊一场，我们赶忙把它拖到铁道外。在当时的部队里，我这个从革命大学出来的也算是小知识分子了。1953年的5月，领导抽调我到连队当见习文书。当时我们连奉命参与保卫清川江大桥的任务。清川江大桥位于朝鲜铁路西线，是铁路交通的咽喉。当时朝鲜停战谈判处于边谈边打的局面，美帝国主义在谈判桌上蛮横无理，在战场上又捞不到便宜，就想利用自己的空中优势，采取"绞杀战"的方法，对铁路交通，尤其是像清川江大桥这样的目标实施狂轰滥炸。我方为保卫大桥，先后在两岸设立高射炮阵地，随时给来犯敌机以迎头痛击。我们铁道兵部队为保障大桥畅通，派出一个团的兵力随时待命。作为其中的一员，我每天跟着连队从驻地徒步到清川江边参加抢修。当时，正桥已被炸坍，就在附近架了5座便桥。敌机常来轰炸，我们则随炸随修，确保大桥畅通。一天下午，响起了防空枪声，正在抢修的人员迅速就地隐蔽。只见3架敌机飞临上空，对着高炮阵地和大桥猛烈轰炸、扫射。我们的高炮阵地立即反击，炮弹连续不断地向敌机射去，眼见一架敌机中弹，冒着黑烟掉进江中。在这次反轰炸中，我们的高炮部队也有伤亡，我连负责的第四便桥也有一孔被炸坏。敌机一走，我们就迅速清理现场。那时正值涨潮，不少枕木被冲走，战士们到冰冷的水中去捞枕木。湿枕木有100多斤重，我体力差，要两人抬一根，但有一个东北汉（可惜想不起他的名字）却能一人扛两根，力气惊人。捞回枕木后就打桩、架桥墩，接着是由线路排的同志铺上铁轨、钉上铆钉，桥又畅通了！我们就是这样日日夜夜坚守在大桥边，确保大桥畅通无阻。虽然劳累，但看见一列列火车把军需物资和后续部队源源不断地运往前线，我们内心感到无比的欣慰。

1953年7月27日晚上10时，朝鲜停战协定生效，万众欢腾。朝鲜的老百姓在露天广场的灯光下，唱歌跳舞，欢庆胜利。是啊，中国人民志愿军和朝鲜军民一起浴血奋战，赢得了胜利，保卫了和平！我和战友们虽然不会跳、不会唱，但也怀着与他们同样的心情，投入他们的行列中，一起为和平而欢呼庆贺！

停战之后，我们并没有休息，而是继续战斗在大同江、清川江及黄海北道信川一带，修复桥梁、铺设线路。虽然没有取得惊人的业绩，但我们在平凡的工作岗位上用自己的辛劳为朝鲜的建设贡献了一份力量，我们对此感到光荣和自豪。

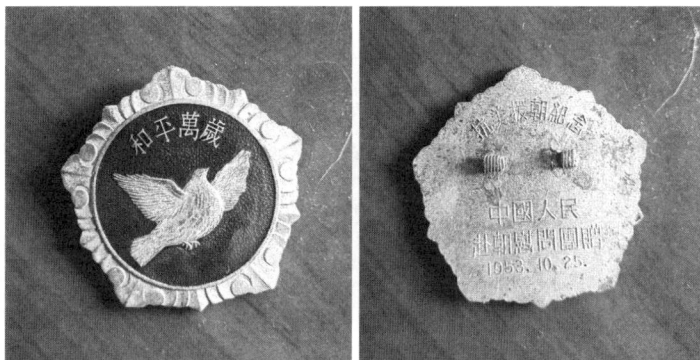

顾伯明珍藏的抗美援朝纪念章

陈永顺口述资料

口述人：陈永顺

采访整理人：庄永明、钱星辉、戴雨琦、陈志农、徐荣玉

采访时间：2023 年 11 月 21 日

采访地点：桐乡经济开发区（高桥街道）百福村

老战士档案

陈永顺，男，中共党员，1929 年 3 月出生，浙江海盐人。1948 年参军。1950 年入朝，在志愿军 38 军 142 师 335 团 3 营任通信班班长。1953 年 7 月回国。

我叫陈永顺，1929 年 3 月 30 日出生于浙江省海盐县百步镇石泉乡花园浜，1955 年从部队复员后在桐乡县百桃乡百福村结婚成家。

15 岁那年，我被国民党抓了壮丁。1948 年，在辽沈战役中被解放军俘虏，经过忆苦教育，控诉了国民党军队的罪行后，我参加了中国人民解放军。随后，我跟着第四野战军参加了百万雄师过大江的战役。在湖北宜昌，我们追击国民党残余部队，经湖南芷江进入云南和贵州，一边与国民党残余部队作战，一边参加剿匪、建立人民政权等革命工作。在 1949 年的渡江战役中，我光荣地加入了中国共产党。

1950 年，美帝国主义介入朝鲜战争，组织"联合国军"入侵朝鲜。美军

肆无忌惮地把战火烧到了我国的东北边境。当年 10 月，我们 38 军的官兵唱着 "雄赳赳，气昂昂，跨过鸭绿江！保和平，卫祖国，就是保家乡……" 的战歌，赴朝作战。因为我参加过多次战役，又是一名共产党员，所以营部首长任命我为 3 营通信班班长，负责送信、送电报和保证军事线路畅通。

这一年的初冬，38 军以劣势的装备，孤军深入敌后，给敌人以重创，粉碎了敌人意图在圣诞节前结束战争的美梦，在志愿军战史上写下了辉煌的一页。12 月 1 日，彭德怀司令员亲笔起草了志愿军司令部给 38 军的嘉奖电报。彭德怀在电文的后面写道："中国人民志愿军万岁！三十八军万岁！"

中央军委也发来嘉奖令，部队首长在传达嘉奖令的同时，十分清醒地告诫我们，要头脑冷静，随时做好准备，反击侵略者的反扑。

果然，我们部队到达朝鲜北部的飞虎山附近时，遭到了敌机的狂轰滥炸，霎时间，火光冲天，炮弹爆炸声惊天动地，电话线被炸断，一时军令难以传达。营长让我跑步前进，向各连传达命令，注意隐蔽，撤出战斗。当时，朝鲜的初冬，气温在零度以下。我在路上捡到一块遮盖山炮的炮衣，连忙裹在身上避寒。在完成了一处传令后，一颗炸弹在我身后不远处爆炸，我被狠狠地掀翻在地，耳朵、眼睛和鼻子流血不止，胸前的衣服染红了一大片。我一下子昏迷过去。等我醒过来才发现一块弹片从后腰穿透外衣划破衬衫，留下一块被打击的红印记，幸亏我的衣服比较厚实，否则我必死无疑。

等到体力略有恢复，我便匍匐前进。那时，我发现我军阵地不少战友已牺牲。在飞虎山煤矿的一个矿道内，我找到了营教导员，汇报了一路上见到的情况，但营首长说什么我都听不见，他只能打手势告诉我信息。这次敌机轰炸加上山上的敌人突围开炮，我军一个加强营只剩下 72 名官兵。由于我震伤严重，领导安排我到后方治疗，但我向教导员表示轻伤不下火线，要投入战斗，为牺牲的战友报仇。于是，我在随军医疗队中简单地做了治疗。过了一年多，我的听力才渐渐得到恢复。之后我的主要任务有两个：一是传达首长命令，送信、送电报；二是一旦电话线出现问题，必须及时抢修，保证军令畅通。

1952 年初夏的一天，我接到传达一个紧急任务的军令。因为电话不通，我只能跑步前进。半路上，我竟遇到了一队从前线撤下来的美军士兵，但已经来不及躲避了，我急中生智，用早已训练过的英语率先喊了几句话，中文意思就是："你们好，你们是谁？要到什么地方去？"美军士兵也是刚刚吃了败仗，魂不守舍的，见我会讲英语，以为我是李承晚部队的，慌忙用英语叽里呱啦地说了一通。我装作听懂的样子，挥挥手让他们快些通过。等美军士兵走到看不见人影时，我才发现自己因紧张，衬衫都湿透了。

因为各项任务完成出色，部队给我记了三等功。

1953 年 7 月，朝鲜停战协定签订，战争结束了。这一年，我从朝鲜回国。后来，我和战友们都得到了朝鲜政府颁发的"祖国解放纪念章"。一次，家中失火，我的十数本获奖证书和奖章都被烧毁了。"祖国解放纪念章"是银质的，没有烧毁，我至今还保存着，一起保存着的还有部队发的一块金闪闪的入朝参战的奖章。

姚录录口述资料

口述人：姚录录

采访整理人：庄永明、钱星辉、王江良

采访时间：2023 年 12 月 5 日

采访地点：桐乡市崇福镇新民路

<table>
<tr><td>老战士档案</td><td>　　姚录录，男，中共党员，1931 年 11 月出生，浙江金华人。1951 年参军后入朝。1953 年回国。</td></tr>
</table>

　　我叫姚录录，1931 年 11 月出生。1951 年参军后，我直接去了朝鲜。我的家乡金华有山有水，地形与朝鲜相似，所以像我这样的人适合去朝鲜战斗。

　　我是筑桥部队的。有一次，朝鲜清川江上面的桥被炸掉了。我们部队负责架设浮桥，让大部队通过。1953 年 5 月，美军一个排、韩国军队一个班守着 305 高地，控制我军的交通要道。志愿军巧妙应对，把高地抢了过来。

　　1953 年，我在朝鲜时加入了中国共产党，当时的介绍人是我的班长。

　　1953 年，我从朝鲜回国。

后 记

　　75 年前的鸭绿江畔，数百万的年轻人从这里出发，义无反顾，为国出征，用血肉之躯挺起国家脊梁；72 年前的鸭绿江畔，伤痕累累的鸭绿江大桥架起了凯旋门，宣告抗美援朝战争取得伟大胜利。为了这段不容忘却的历史，为了纪念中国人民志愿军建立的不朽历史功勋，为了展现嘉兴军人在抗美援朝中顾全大局、积极参战、勇于牺牲、无私奉献的英雄事迹，为了继承和弘扬伟大抗美援朝精神，中共嘉兴市委党史研究室于 2023 年在全市范围启动了嘉兴抗美援朝老战士口述资料征集工作，并在此基础上编撰了《铁血荣光——嘉兴抗美援朝老战士口述实录》一书。

　　全书以行政区划为区分，设市本级、南湖区、秀洲区、嘉善县、平湖市、海盐县、海宁市、桐乡市 8 个部分，共收录 88 篇口述文章（按口述者姓氏笔画排序）。在写法上，全书采用第一人称视角，通过不同军种、不同时期参战老战士的真实讲述，以一句句平实细微的话语再现他们参军、入党、战斗的革命历程，深入挖掘、展现志愿军老战士的感人事迹、政治品格、价值追求、精神风范和人生感悟。

本书是中共嘉兴市委党史研究室立足"大党史"工作格局推出的一项重要编研成果。2023 年 9 月，市委党史研究室印发《关于征集嘉兴抗美援朝老战士口述史资料的通知》，明确征集对象、征集内容、征集方式及征集要求。随即，市本级及各县（市、区）成立由党史部门牵头的采编工作小组，确定采访名单、制订采访计划、列出采访提纲，分赴各地开展口述采访和影像录制等工作。12 月底，完成音像资料整理和归档。2024 年 3 月，形成初稿。5 月，经本室相关人员多次审读修改，形成送审稿。后又根据省委党史和文献研究室专家评审意见组织人员再次修改完善。

在采编过程中，已到耄耋之年的老战士及其家属热情、认真、积极配合采访，提前准备好与抗美援朝相关的个人照片、勋章、证书、纪念物等，并认真审阅自己的口述稿。市、县两级退役军人事务局、老干部局、人力资源和社会保障局等部门密切配合，在沟通联络老战士方面提供了帮助。省委党史和文献研究室予以大力支持，将本书列为 2024 年度全省"152"党史人才专项资助课题。在此，谨向关心、帮助和支持本书出版的老战士及其家属、相关单位表示衷心的感谢！

本书根据口述采访的内容整理而成。为尽可能形成真实、准确的文字，编写组对访谈录音、原始记录稿等进行深入研判，并查阅档案资料核实相关史实。虽做了很大努力，但限于编者水平，书中疏漏错谬在所难免，恳请广大读者批评指正！

本书编写组

2025 年 6 月